MOSAIK WERKSTATT TIPS

HOLZMÖBEL
restaurieren

Alan Smith

Mosaik Verlag

Für Christine

Die Originalausgabe erschien unter dem Titel *Woodframe Furniture Restoration* in der Reihe *Craftman's Guides* bei Ebury Press, London

Planung und Redaktion: Swallow Publishing Ltd., London
Redaktion der englischen Ausgabe: Anne Yelland
Redaktionsassistenz: Tom Seavey
Art Director: Glynis Edwards
Designer: Barry Walsh
Illustratoren: Hussein Hussein, Aziz Khan, Coral Mula, Rob Shone
Fotos: Jon Bouchier
Studio: Barry Walsh
Bildrecherche: Liz Eddison
Alle Informationen und Ratschläge in diesem Buch werden mit bestem Wissen und Gewissen gegeben, aber weder Autor noch Verlag können die Verantwortung für eventuelle Fehler oder Auslassungen übernehmen.

Aus dem Englischen übersetzt von Dr. Helga Zoglmann
Redaktion der deutschen Ausgabe:
Dr. Dieter Struss, Grafing bei München

Der Mosaik Verlag ist ein Unternehmen der Verlagsgruppe Bertelsmann.

Satz: Filmsatz Schröter GmbH, München
ISBN 3-570-04632-X
Printed in Hongkong

Inhalt

Was bedeutet Restaurieren?

Nicht jeder versteht unter Restaurieren dasselbe. Für den Antiquitätenhändler etwa bedeutet es oft eine Steigerung des Marktwerts und bessere Absetzbarkeit seiner Ware. Der Museumskurator hingegen sieht darin die Wiederherstellung eines Stücks in seiner ursprünglichen Erscheinungsform, unabhängig davon, ob es anschließend für den Gebrauch geeignet ist oder nicht. Dem Hobbyrestaurator, der zum eigenen Vergnügen arbeitet, wäre anzuraten, den goldenen Mittelweg zu wählen und sich zu bemühen, einerseits Schönheit und Gebrauchswert seiner Besitztümer zu erhalten, andererseits aber Veränderungen zu vermeiden, die mit dem ursprünglichen Verwendungszweck und der originalen Erscheinungsform nicht in Einklang zu bringen sind. Sind fehlende Teile zu ersetzen, müssen daher immer die Originalteile als Vorlage genommen werden. Gleiches gilt für die Oberflächenbehandlung, die man einem Werkstück angedeihen läßt. Polyurethanlack beispielsweise ist ein moderner Werkstoff, der beim Restaurieren nichts verloren hat. Verwendet der Restaurator bei seiner Arbeit aber nicht nur traditionelles Handwerkszeug, sondern bringt er auch das nötige Verständnis für althergebrachte Arbeitsmethoden auf, kann er sicher sein, daß die von ihm erneuerten Teile allmählich mit dem Original verwachsen.

Um fehlende Teile ergänzen zu können, empfiehlt es sich, ein Lager an alten Möbelteilen anzulegen. Altes Holz und antike Scharniere und Beschläge fügen sich stets harmonischer ins Gesamtbild eines alten Möbelstücks ein als neue Einzelteile. Sie müssen übrigens gar nicht teuer sein – oft findet man sie sogar kostenlos bei Entrümpelungen oder in Müllcontainern.

Handwerkliches Geschick allein macht noch keinen guten Restaurator. Ein ernsthaftes Studium der historischen Entwicklung des Möbelbaus und der verschiedenen Einzelmöbel kann sich auf die Qualität der Arbeit nur positiv auswirken, insbesondere wenn es gilt, fehlende Teile zu ersetzen oder dem guten Stück eine tatsächlich authentische, der Zeit entsprechende Oberflächenbehandlung angedeihen zu lassen. Beherzigen Sie vor allem aber folgenden Ratschlag: Die wichtigsten Werkzeuge des Restaurators sind seine Augen. »Erst sehen, dann handeln«, sollte Ihr Wahlspruch sein, und die zwei Stunden, die Sie mit der genauen Betrachtung eines Möbelstücks verbracht haben, machen sich später, wenn Sie ihre Strategie festlegen, sicher bezahlt. Im übrigen sollten Sie über Ihre Arbeiten Buch führen. Haben Sie erst einmal einige Werkstücke vollendet, verfügen Sie über ein wertvolles Nachschlagewerk, das Ihnen helfen wird, einen Fehler kein zweites Mal zu begehen.

Durch sorgfältige und detailgetreue Restaurierung erstrahlt diese bereits arg mitgenommene Chiffonniere in neuem Glanz. Arbeitsvorhaben wird diese kosten zwar Zeit, machen aber auch viel Freude.

Was läßt sich restaurieren?

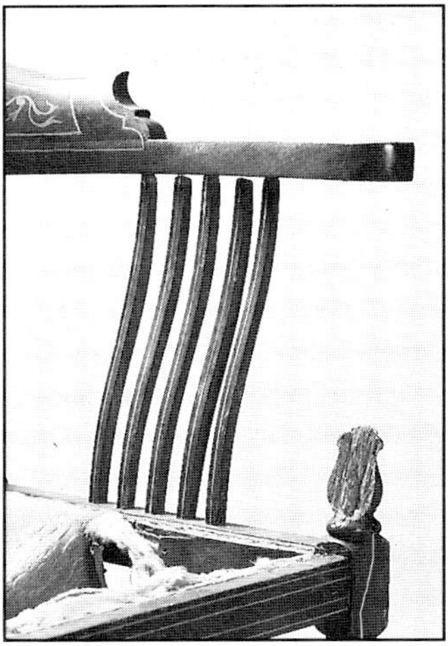

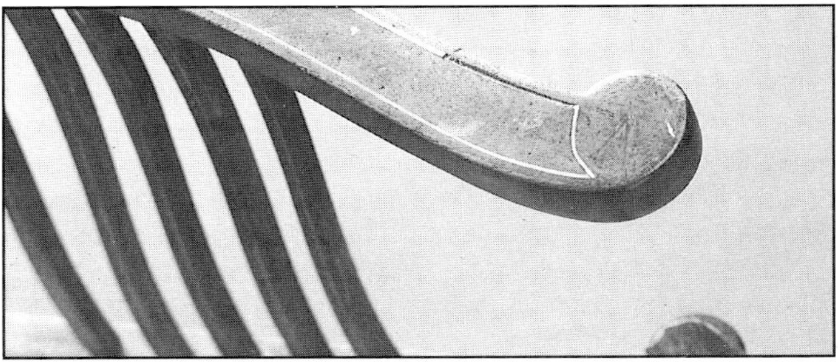

Die Schäden an diesem zierlichen Eckstuhl kann man reparieren. Die Fugen am Sesselrahmen (oben rechts) müssen wahrscheinlich nur gereinigt und neu verleimt werden, und die fehlenden gedrechselten Sprossen (oben links) sind auf einer Drehbank schnell fertig. Die Intarsien erfordern hingegen mehr Sorgfalt.

Theoretisch sind dem Restaurator keine Grenzen gesetzt. In der Praxis wird sich der Bastler, dessen Zeit und handwerkliche Fähigkeiten beschränkt sind, mit einfacheren Vorhaben zufriedengeben müssen. Grundsätzlich aber kann jedes Möbelstück, das nahezu vollständig ist, auch restauriert werden; in der Folge finden Sie eine Liste der Reparaturen, die genauer behandelt werden.

Gebrochene Stuhl- oder Tischbeine, insbesondere gedrechselte, können oft relativ einfach ersetzt werden. Bei manchen Stühlen sind die Hinterbeine aufwendig geformt und gehen direkt in die Rückenlehne über. Aber auch diese können mit der nötigen Sorgfalt ersetzt oder repariert werden.

Fehlende Rahmenteile sind bei Stühlen und Tischen häufig, speziell bei den im 19. Jahrhundert so beliebten zierlichen Tischchen. Gerade Teile sind leichter zu ergänzen, die detailgetreue Herstellung komplizierter Formen erfordert mehr Geschick. Dafür finden Sie in der Folge einige praktische Tips.

Sprünge oder andere Beschädigungen an Türen sind häufig. Es gibt eine Vielzahl von Türen, die man in einem einzigen Buch gar nicht behandeln kann; wir haben daher nur die häufigsten Typen in allen Einzelheiten beschrieben. Meist besteht das Problem in lockeren Scharnieren und gesprungenen Türfüllungen; die Reparatur dieser Schäden siehe weiter unten.

Klaffende Fugen, häufig auf das Schwinden des Holzes oder auf schlechten Leim zurückzuführen, sind bei alten Möbelstücken an der Tagesordnung. Man erkennt den Fehler am merkbaren Spiel. Handelt es sich um ein Ziermöbel, spielt dieser Umstand keine Rolle; soll das Möbelstück dem täglichen Gebrauch dienen, muß es sorgfältig zerlegt und neu verleimt werden.

Gesprungene Füllungen sind bei fast allen alten Möbeln in Räumen mit Zentralheizungen oder Klimaanlagen zu finden. Soll die Reparatur der Türfüllungen sachgemäß durchgeführt werden, sind unter Umständen auch gesunde Teile einzubeziehen, und es muß mit großer Sorgfalt gearbeitet werden. Danach werden selbst größere Reparaturen nicht ins Auge springen.

Fehlende Furnierteile sind häufig. Metallintarsien sowie einfachere und kompliziertere Furnierungen aus dünnem Holz sind nicht sehr robust: Sie können sich lockern und sogar verlorengehen. Sie zu ersetzen, ist eine mühevolle, aber einfache Arbeit, wenn man Bescheid weiß.

Dellen und Flecken auf Oberflächen finden sich bei fast jedem alten Möbelstück. Ihre sachgemäße Entfernung gehört eher in ein Buch über Oberflächenbehandlung. Wir gehen hier nur auf einige grundlegende Fragen und Lösungsvorschläge ein, wie das Aufpolieren beschädigter Holzteile und das Angleichen von Einsätzen an das vorhandene Holz.

Fehlende Erfahrungen im Restaurieren sollten Sie nicht davon abhalten, auch schwierigere Reparaturen zu versuchen. Hobbybastler haben gegenüber Profihandwerkern den Vorteil, daß sie sich über den zeitlichen und finanziellen Aufwand nicht den Kopf zerbrechen müssen und daher auf diesem Gebiet schon Großartiges geleistet haben. Wer die detaillierten Schritt-für-Schritt-Anweisungen befolgt und über grundlegende Tischlereikenntnisse verfügt, hat es nicht schwer, sich in diesem faszinierendsten Zweig der Holzverarbeitung zurechtzufinden.

Das Handwerkszeug

Restaurierungsarbeiten können größtenteils im eigenen Heim ausgeführt werden, ohne aufwendiges Werkzeug oder komplizierte Vorrichtungen. Ein warmer Raum und gutes Licht sind wichtig. Sind Ihre Raumverhältnisse beengt, genügt eine klappbare Werkbank mit Schraubstock. Altes wie neues Werkzeug ist zwar teuer, hält aber, sachgerecht behandelt, praktisch ewig.

Alle normalerweise für die Holzbearbeitung verwendeten Werkzeuge – von denen sich vielleicht einige bereits in Ihrem Besitz befinden – gehören auch zur Grundausrüstung des Restaurators: Eine Paneel-, eine Zapfen-, eine Laub- und eine kleine Bügelsäge; ein Handbohrer oder eine elektrische Bohrmaschine mit regulierbarer Geschwindigkeit; eine Bohrwinde, zwei Schraubenzieher (einen langen dünnen, wie ihn die Elektriker benützen, und einen mittelgroßen), ein Rauhhobel, ein kleiner Hirnhobel, ein Profilhobel, mehrere Stemmeisen, ein Hohlmeißel, ein Querhammer und ein Holzhammer.

Der Restaurator hat oft andere Probleme als der Kunsttischler, und gute Arbeit setzt entsprechende Spezialwerkzeuge voraus, die größtenteils problemlos zu Hause anzufertigen sind.

Federdruckspanner können mit einer kleinen Bügelsäge aus alten Matratzenfedern hergestellt werden. Schneiden Sie sich verschiedene Größen zurecht, kreisförmige bis etwas mehr als halbkreisförmige, und verwenden Sie sie immer als Einspannvorrichtung.

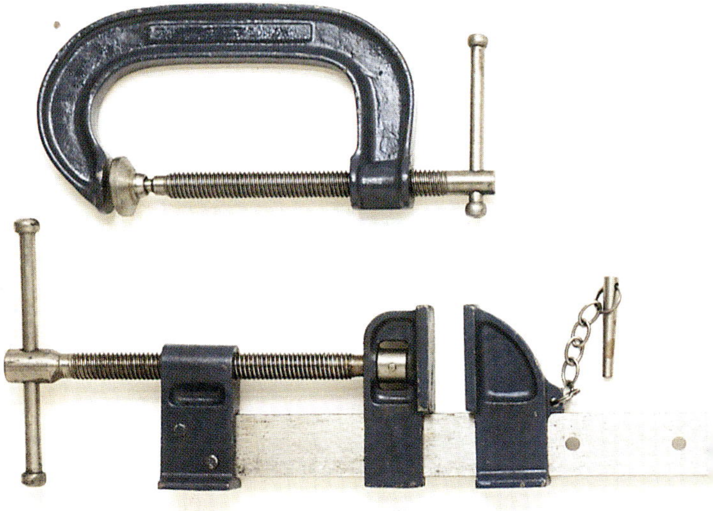

Elastische Spannschnüre eignen sich vorzüglich dazu, Gegenstände während des Leimens am Verrutschen zu hindern. Schneiden Sie den Innenschlauch eines alten Autoreifens mit einem scharfen Messer spiralförmig in dünne bzw. ringförmig in breite Streifen und kaufen Sie eventuell auch einige breite Bänder dazu. Mit diesen Gummistreifen umwickeln Sie die Teile, die verleimt werden sollen, und ziehen bei jedem neuerlichen Umwickeln fester zu. So entstehen trotz des starken Drucks keine Kratzer auf der Oberfläche.

Klappbare Keilzwingen sind leichtgewichtige Alternativen zu Türspannern, einfach in der Herstellung und sehr praktisch, wenn größere Teile, wie gesprungene Tischplatten, zusammenzuspannen sind.

Profilschaber werden dazu verwendet, Formleisten oder Nuten herzustellen. Die beiden Griffe sollen gut in der Hand liegen, die Klinge feilen Sie aus Stahlblech zurecht.

Ein **Furnierhammer** wird dann gebraucht, wenn größere Furnierteile zu ergänzen sind. Größe und Form spielen keine Rolle, das Blatt soll allerdings aus einem glatten Messingstreifen bestehen.

Türspanner sind sehr nützlich. Beschaffen Sie sich eine leichtere Ausführung, viele der Tischlerzwingen sind für empfindliche Werkstücke zu schwer.

Beim **Leimtopf** für heißen Tierleim kann improvisiert werden. Nehmen Sie z. B. einen alten feuerfesten Topf oder eine Bratpfanne. Zum Auftragen des Leims benötigt man eine gute kleine Bürste. Zum Restaurieren ist Tierleim am besten geeignet, und die Mühe für seine Herstellung lohnt sich. Einzelheiten über das Mischen von Tierleim finden sich auf Seite 22.

Andere Werkzeuge aus der Werkzeugkiste jedes Heimwerkers werden gelegentlich beim Restaurieren gebraucht. Feilen, Zangen, eine Elektrikerbeißzange sowie Klingen sind nützlich. Mit Hilfe eines großen alten Schraubenziehers können Stifte herausgehoben werden, und Ihr altes Stemmeisen wird dann gebraucht, wenn das schöne neue Werkzeug nicht durch eventuell vorhandene unsichtbare Nägel beschädigt werden soll.

Diese Zwingen sind zwar teuer, für Reparaturen einzelner Teile aber unerläßlich. Manchmal sind auch billigere Holzzwingen erhältlich.

Die Werkstoffe

Leimarten und Spachtelmassen

Tierleim verwendet der Profirestaurator immer dann, wenn Holz mit Holz verbunden werden soll, beim Furnieren per Hand und für Einlegearbeiten aus Bein oder Muschelmaterial.

PVA-Leim kommt an zweiter Stelle nach dem Tierleim. Vor der Anwendung müssen Sie Überreste von altem Tierleim beseitigen, da die beiden sich nicht gut mischen.

Harzleime können verwendet werden, wenn vor allem Stabilität gefragt ist (etwa bei der Reparatur von Stuhllehnen).

Zwei-Komponenten-Epoxyd-Kleber eignen sich zum Kleben fast aller Werkstoffe. Sie können künftigen Restauratoren Probleme verursachen, da sie nur schwer zu entfernen sind.

Zyan-Acrylate eignen sich für kleine Reparaturen an Einlegearbeiten und Formleisten, *nicht* für Reparaturen an der Konstruktion.

Stärkekleister, und zwar *nicht* der moderne zellulosehaltige, eignet sich zum Ausschlagen mit Sersche, Leder oder Papier.

Tapetenkleister ist zwar teurer als Kleister, tritt heute aber oft an die Stelle von Stärkekleister.

Kontaktkleber können zum Austapezieren verwendet werden, beim Restaurieren sind sie fehl am Platz.

Harte Spachtelmasse besteht aus einer Mischung von Bienenwachs, Harz und Schellack. Hinweise dafür auf den Seiten 24/25.

Spachtelmassen auf Tonbasis sind eine Mischung aus Ton, Leim und Wasser; für *kleine* Sprünge oder Dellen.

Zellulosewachs ist ein modernes synthetisches Wachs; bei allen Oberflächenbehandlungen als Untergrund verwendbar.

Bienenwachs, das traditionelle Füllmaterial für alle kleineren Schäden; nicht unter Firnis oder Zellulosewachs verwendbar, außer man versiegelt es mit Schellack.

Polituren und Wachsarten

Bienenwachspolitur ist eine Mischung aus Bienenwachs und mexikanischem Terpentinöl, evtl. mit anderen Wachsarten gemischt. Tragen Sie es mit einem Staubtuch nicht öfter als viermal jährlich auf oder mit Stahlwolle zur Oberflächenveredelung.

Silikon-Wachspolitur sollte für alte Möbel nicht verwendet werden. Es ist temperatur- und feuchtigkeitsempfindlich und kann verderben. Dieses »Anlaufen« wird am besten mit der auf Seite 74/75 beschriebenen Lösung bekämpft.

Französische Politur oder Schellacklösung ist eine Mischung aus Schellackharz und Spiritus und ist in vielen verschiedenen Güteklassen erhältlich.

Schellack oder Spirituslacke sind eine französische Politur, so gemischt, daß man sie mit einer Bürste auftragen kann. Bei sorgfältiger Anwendung können damit hervorragende Ergebnisse erzielt werden.

Kopallack wird traditionellerweise für die Oberflächenbehandlung bestimmter amerikanischer Möbel verwendet.

Polyurethanlack ist hart und nur dann zu verwenden, wenn die Gegenstände täglich stark strapaziert werden.

Reinigungsmittel

Stahlwolle ist zusammen mit Wachs zum Polieren von Holz und mit etwas Olivenöl auch zur Entfernung von Rost auf Metall verwendbar. Nehmen Sie nur die feinste (0000) Qualität.

Bimssteinpulver eignet sich für leichtes Abschleifen, etwa von Farbflecken auf polierten Oberflächen oder zum Mattieren glänzender französischer Politur.

Englischrot wird mit Olivenöl zu einer Paste vermischt und zum Polieren aller Arten von Edelmetallen verwendet.

Echte Seifenflocken und warmes Wasser sind das beste und sanfteste Reinigungsmittel für alle Oberflächen. Danach müssen die Überreste sorgfältig mit Wasser entfernt werden.

Erstklassiges Möbelwachs, feine, weiche Stahlwolle und ein alter Baumwollappen erzielen beim Polieren die besten Ergebnisse.

Die Methoden

Die Reparatur von Schäden an der Konstruktion

Restaurieren bedeutet oft, daß das Möbel zunächst zerlegt werden muß, da nur ein systematisches Vorgehen den gewünschten Erfolg zu bringen vermag. Da man in der Vergangenheit Fugen oft mit Nägeln verbunden hat, sollten sie beim Öffnen von Fugen vorsichtig vorgehen. Lassen sich die Teile nicht trennen, sind sie möglicherweise verleimt. Die beste Art, eine verleimte Fuge zu öffnen, besteht im Auswaschen oder Schmelzen des Leims. Sowohl moderner PVA-Leim wie auch Tierleim werden beim Erhitzen weich. Verwenden Sie kochendes Wasser oder, nachdem Sie die Oberfläche gut angefeuchtet haben, einen Schweißbrenner. Sie müssen Geduld haben, denn Holz ist ein schlechter Leiter. Verwenden Sie den Schraubstock Ihrer Werkbank als Brecheisen, indem Sie die Backen in die Sessel- oder Türfugen stecken und diese dann auseinanderdrehen. Durch den gleichmäßigen Zug können auch hartnäckige Fugen geöffnet werden.

Ein weiteres Problem, das vielen Bastlern Sorge bereitet, ist das Öffnen von Fugen mit eingestemmten Zapfen, die zusätzlich verkeilt sind. Restauratoren verwenden gerne Keile, um den Fugen größere Stabilität zu verleihen. Es werden im Zapfen ein oder mehrere Schlitze angebracht und kleine Keile hineingesteckt. Beim Zusammenbau des Werkstücks werden die Keile durch den Druck der Hinterwand des Zapfenlochs bis zum Ende des Zapfenschlitzes vorgetrieben und spreizen diesen auseinander. Ein neuerliches Öffnen der Fuge wird dadurch schwierig. Am besten öffnen Sie die Fuge so weit wie möglich und schneiden den Zapfen dann ab. Der Schnitt sollte einen der Zapfenschlitze erfassen, so daß Sie den wieder schwächer gewordenen Zapfen herausziehen können. Keil und restlicher Zapfenteil bleiben im Zapfenloch. Beim Zusammenbauen kann der Zapfen wieder normal eingeleimt werden.

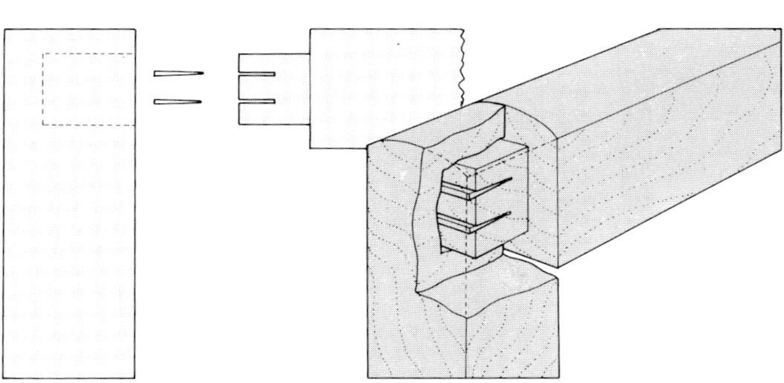

Zum Verfestigen von Fugen verwendet man verkeilte eingestemmte Zapfen.

Verstärken mit Dübeln

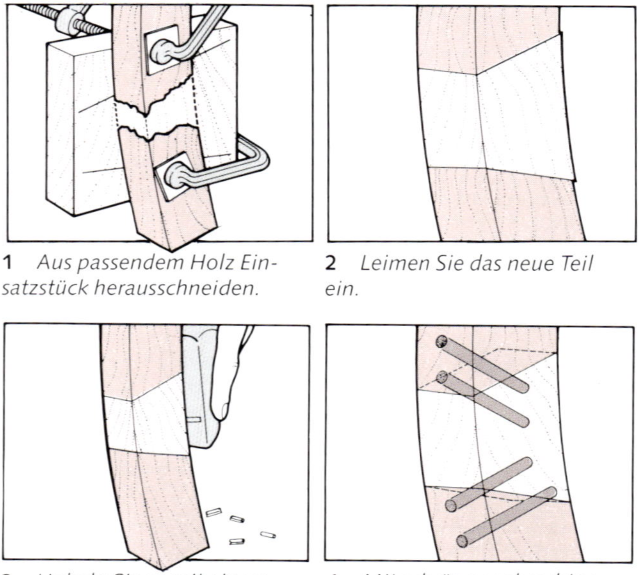

1 *Aus passendem Holz Einsatzstück herausschneiden.*

2 *Leimen Sie das neue Teil ein.*

3 *Hobeln Sie es mit einem Hirnhobel ab.*

4 *Mit schräg angebrachten Dübeln verstärken.*

Verstärkungsmethoden

Große Sprünge stellen für den Restaurator ein schwieriges Problem dar. Auffüllen mit Spachtelmasse wird nicht viel bringen. Nach einiger Zeit fällt das Füllmaterial meist wieder heraus, da das Holz auf beiden Seiten des Sprungs verschieden stark arbeitet. Verbinden Sie daher die Kanten lieber mit einem Dübel, füllen Sie den Spalt auf und tragen Sie auf der Oberfläche Politur auf. Wenn Türfüllungen für Dübel zu dünn sind, bringen Sie auf der Hinterwand der Füllung zwei Schichten Furnier auf. Die Schichten sollten kreuzweise, im rechten Winkel zueinander, verleimt werden, um ein Verwerfen zu verhindern. Schneiden Sie das Furnier zurecht, füllen Sie den Spalt auf und tragen Sie Politur auf.

Sprünge an Stirnseiten und Deckplatten von Schränken und Truhen können manchmal mit starken Zwingen zusammengedrückt werden. Dabei ist es wichtig, daß der Druck nur ganz leicht, aber über längere Zeit hinweg wirkt. Die verleimten Fugen schlüpfen zusammen, und der Sprung schließt sich. Ziehen Sie zweimal täglich die Zwingen an, überstürzen Sie aber nichts. Sobald sich der Spalt geschlossen hat, nehmen Sie die Zwingen ab, verleimen den Spalt und legen während des Trocknens des Leims erneut die Zwingen an.

Die Erneuerung von Stoff- und Lederbespannungen

Leder- oder sogenannte Serscheeinsätze auf Schreibtisch- und Tischplatten wurden im 18. Jahrhundert modern. Dadurch wirken die Oberflächen ruhiger und wärmer und eignen sich besser zum Abstellen schöner Gläser, zum Kartenspielen oder Schreiben. Zunächst bestanden diese Bespannungen aus relativ dicken Häuten, bald aber wurde seidig glänzendes Saffianleder in den schönsten Farbschattierungen modern.

Alte Bespannungen zu entfernen ist problemlos. Lösen Sie sie an einer Ecke vom Untergrund und reißen Sie sie ab. Die zurückbleibenden Leim- und Faserreste können mit heißem Wasser abgewaschen werden. Lassen Sie das Wasser kurz auf den alten Klebstoff einwirken, und wischen Sie dann alles weg.

Wie Furnier (siehe Seiten 56–59) sollte auch Leder auf einen tadellosen Untergrund aufgebracht werden, etwaige Löcher oder lockere Astknorren sind zu behandeln. Da Reparaturen an dieser Stelle kaum sichtbar sind, können Sie eine starke, lang haltbare Spachtelmasse, wie sie Karosseriespengler verwenden, auftragen. Sie ist leicht glattzureiben – auch die kleinste Erhebung würde sich durch die neue Bespannung durchdrücken.

Die frühere Methode, Lederbespannungen mit Kleister anzukleben, war sicher nicht optimal. Sie können einen modernen Kontaktkleber verwenden. Er hat den Nachteil, daß während des Verlegens versehentlich entstehende Falten nicht mehr geglättet wer-

Dieser viktorianische Schreibtisch hat einen Einsatz aus glattem Leder ohne Randprägung, die einfachste Lederbespannung.

Die Erneuerung eines Ledereinsatzes

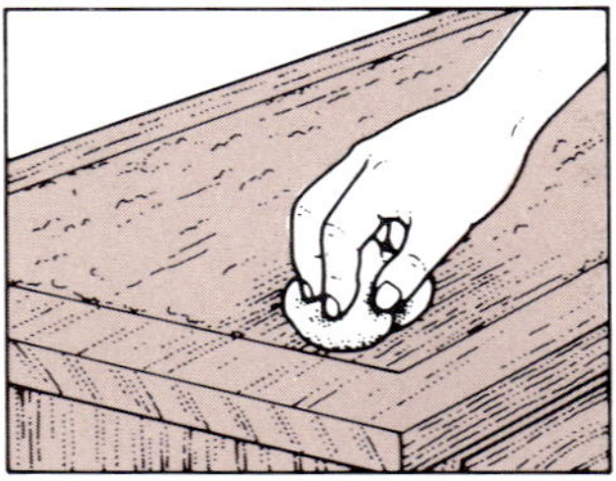

1 *Zu bespannende Fläche reinigen und ausbessern.*

2 *Untergrund gleichmäßig mit Kleber bestreichen.*

3 *Rollen Sie das Leder auf der Oberfläche aus.*

4 *Übertritt mit einem scharfen Messer abschneiden.*

den können und Klebstoffspritzer für die Furniere äußerst schädlich sind. Nicht zuletzt sollten Sie auch an nachfolgende Generationen denken, die mit Kontaktkleber ihre liebe Not haben werden.

Sie können Ihren eigenen Kleister anrühren, indem Sie zu einer Tasse Mehl so lange warmes Wasser hinzufügen, bis eine dickliche, glatte Masse entsteht. Dazu geben Sie unter ständigem Rühren etwa 500 ml kochendes Wasser. Die dabei entstehende Streichmasse sollte durchscheinend und ohne Klümpchen sein. Einsätze aus Spaltleder (Bespannung) bestellen Sie am besten beim Spezialisten, der auf Wunsch auch Randprägungen vornimmt.

Tragen Sie die Masse nun gleichmäßig auf den Untergrund auf – in zwei dünnen Schichten – und rollen Sie das Leder auf der Fläche aus. (Auch Stoffbespannungen werden so angebracht.) Achten Sie darauf, daß die Rolle gerade bleibt: allerdings sind bei diesem Kleister kleine Korrekturen möglich. Verwenden Sie zum Niederbügeln ein handwarmes Eisen. Sind für die Bespannung Nuten vorgesehen, können Sie sie mit der abgerundeten Seite eines Metallineals fest hineindrücken und überstehende Teile mit einem scharfen Universalmesser abschneiden. Wenn Sie ein Werkstück mit Stoff auslegen, dürfen Sie nur wenig Kleber auftragen, da überschüssiger Kleber durch den Stoff dringt und unangenehme Flecken verursacht.

Projekt 1: *Ein Windsor-Stuhl*

Massivholzstühle

Rustikale Stühle mit gedrechselten Beinen und Lehnen sowie geschwungenen Vollholz-Sitzflächen findet man auf der ganzen Welt. Ein derartiger rustikaler Stuhl ist der in Großbritannien in verschiedenen Formen seit über dreihundert Jahren erzeugte Windsor-Stuhl. Durch den Export in die USA beeinflußte er auch nachhaltig die Entwicklung des amerikanischen Windsor-Stuhls, der wiederum an der Wiege des sehr ähnlichen Boston-Schaukelstuhls stand. Die Sitzfläche bestand normalerweise aus einem einzigen Stück Ulmenholz, die anderen Teile aus Birken-, Eschen-, gelegentlich auch aus Eibenholz. Alle verfugten Teile des Stuhls wurden auf einer einfachen Drechslerwippe mit Fußantrieb gedrechselt. Beine, Armstützen und Rückensprossen sind in mittels eines Stangenbohrers angefertigte Löcher eingepaßt.

Schadensermittlung

Bei einfachen Möbelstücken springen Schäden zwar meist sofort ins Auge, trotzdem sollte sich der Restaurator jeden einzelnen Bestandteil genau vornehmen und dabei nicht nur nach Bruch- und alten Reparaturstellen Ausschau halten, sondern sich auch vergewissern, ob er tatsächlich ein Originalobjekt vor sich hat. Suchen Sie nach Nägeln oder Schrauben in den Fugen, nach Wurmlöchern und Teilen, die sich gelockert haben, all diese Schwachstellen müssen behandelt werden, denn ein Sessel, der mehr als jedes andere Möbelstück strapaziert wird, muß in gutem Zustand sein. Fehlt der eine oder andere gedrechselte Teil oder wurde mit nur annähernd passenden Teilen ergänzt, sind neue Teile ohne großen Aufwand mit Hilfe eines Spezialvorsatzes zu einer elektrischen Bohrmaschine schnell gedrechselt.

Der von uns beschriebene Stuhl hatte ein gebrochenes Bein, fast alle Fugen hatten sich gelockert und knarrten. Die einzig wirksame Methode, einen Fugenbruch sachgemäß zu reparieren, beginnt mit dem Zerlegen des Stuhls. Das ist allerdings nur dann notwendig – und darauf sei ausdrücklich hingewiesen –, wenn der Großteil der Fugen locker geworden ist. Kleine Bruchstellen können oft durch Einspritzen von frischem Leim, im Fall einer Zinkenverbindung durch Herausschneiden des lockeren Keilzinkens und Einleimen eines größeren Ersatzkeilzinkens im Zapfenschlitz repariert werden. Oft ist der Rahmen der Lehnen völlig in Ordnung, Sie können dann eventuell nur Sitzfläche und Vorderbeine entfernen. Windsor-Stühle haben allerdings keine rückwärtigen Rahmen, und Hinterbeine und Rückenlehne sind völlig voneinander getrennt.

Der seit über 300 Jahren in verschiedenen Formen hergestellte Windsor-Stuhl wird seiner schlichten Eleganz und seiner kompakten Konstruktion wegen hoch geschätzt.

Die Methoden

Solange Sie keine Praxis haben, wird Ihnen das Zerlegen alter Stühle Kopfzerbrechen verursachen. Am besten sehen Sie sich nach einem geeigneten Arbeitsraum und einer Werkbank um, die so groß ist, daß Sie den Stuhl bequem darauflegen können. Dann nehmen Sie einen Holzhammer, mit dem Sie die einzelnen Teile an den Fugen auseinandertreiben. Damit dabei die Oberfläche des Stuhls nicht beschädigt wird, legen Sie eine alte Decke oder einen Teppich zwischen Stuhl und Werkbank und befestigen mit selbsthaftendem Krepp ein Stück Teppich am Hammer zum Dämpfen der Schläge. Wenn Sie Ihre Schläge fest und gezielt ansetzen, werden die Fugen nicht lange Widerstand leisten.

Die Entfernung von Stuhlbeinen

Meist wird es am einfachsten sein, das Zerlegen eines Stuhls bei den Beinen zu beginnen. Sie kommen dann besser zur Unterseite der Sitzfläche, in der die schwierig zu entfernenden Armlehnen verkeilt sind. Legen Sie den Stuhl um, halten Sie eines der Beine mit einer Hand fest und schlagen Sie kräftig mit dem Hammer auf die Unterseite der Sitzfläche. Nach einigen Schlägen müßte das Stuhlbein herauszunehmen sein und damit auch die Stege, die es mit den anderen Beinen verbinden. Entfernen Sie nun ein Bein nach dem anderen aus der Sitzfläche.

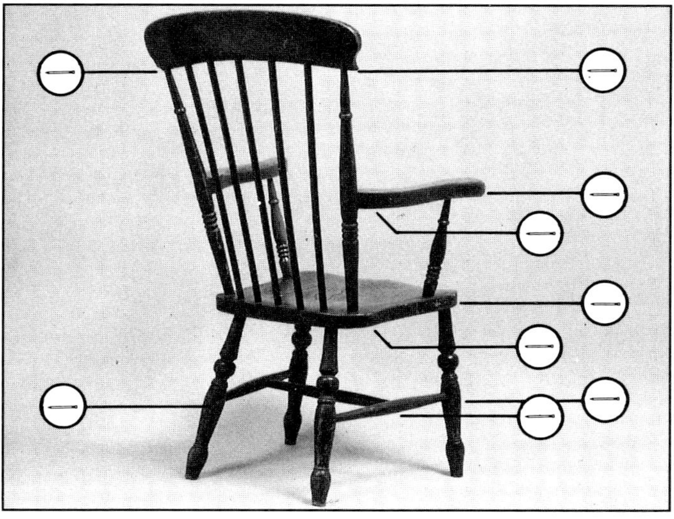

Fugen, die sich nach einigen kräftigen Schlägen mit dem Holzhammer nicht öffnen, werden wahrscheinlich durch einen Nagel oder Dübel zusammengehalten. Das Foto zeigt, an welcher Stelle sich Nägel in einem Sessel am ehesten befinden.

Die Entfernung von Keilen

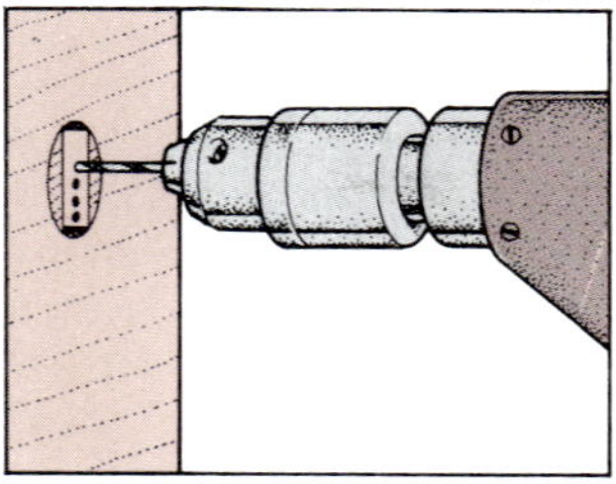

1 *Mit einem dünnen Bohrer Löcher in den Keil bohren.*

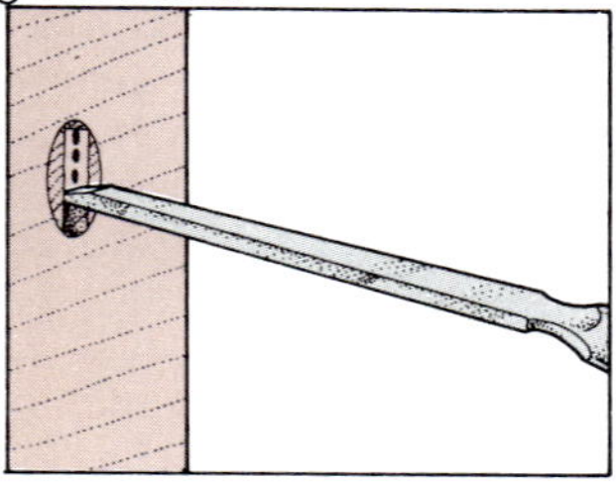

2 *Mit 3-mm-Stemmeisen Holz dazwischen entfernen.*

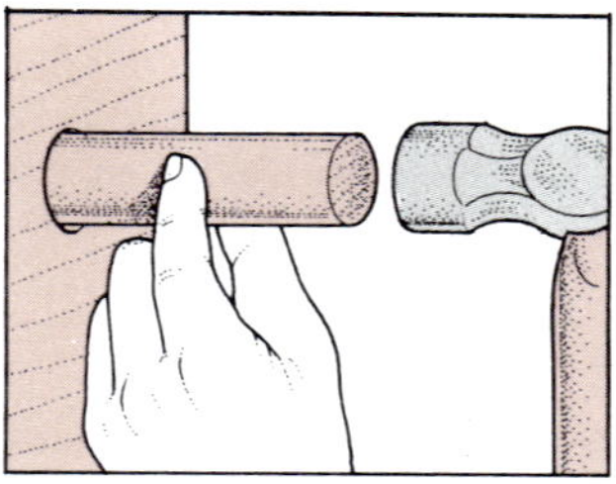

3 *Das ganze Teil mit Hammer und Holzpflock durchstoßen.*

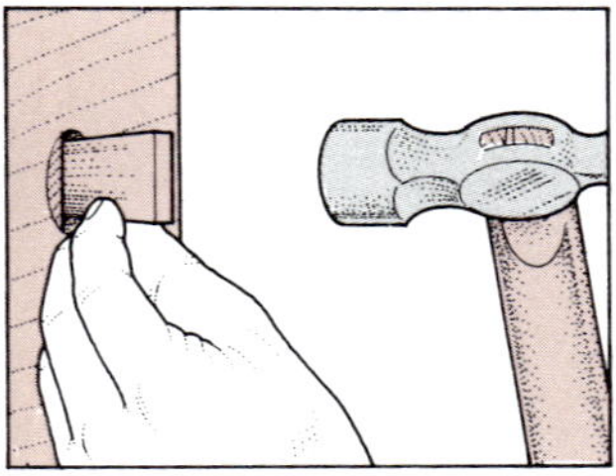

4 *Beim Zusammenbauen neuen Keil dort verleimen.*

Als recht nützlich hat es sich vor allem bei Erstlingsversuchen erwiesen, jedes Einzelteil mit selbstklebenden Etiketten zu bezeichnen, so daß Sie nachher wissen, wo alles hingehört. Sind einzelne Teile nur schwer voneinander zu trennen, wird die Fuge vermutlich genagelt sein. Sie müssen dann zunächst einmal den Nagel entfernen. Verwenden Sie dazu eine elektrische Bohrkrone, damit bekommen Sie den Nagel besser zu fassen. Manchmal ist es recht nützlich, diese mit einem Hammer in das Holz hineinzutreiben. Nägel sind immer mit Vorsicht zu entfernen.

Die Entfernung von Rückenlehne und Armstützen

Rückenlehne und Armstützen sind meist in durchgehenden Löchern in der Sitzfläche verankert. Bei der Anfertigung der Stühle wird der später in der Sitzfläche versenkte Teil mit einer Säge aufgeschnitten und dann von unten ein kleiner Keil in den Schlitz hineingetrieben. Durch den Druck auf die Seite des Schlitzes entsteht eine besonders stabile Verbindung, die auch nach den Austrocknen des Leims hält. Sollen die Teile allerdings wieder auseinandergenommen werden, muß man zunächst einmal die Keile entfernen.

Die Reinigung der Fugen

Saubere Schnittflächen tragen viel zum Erfolg der Reparatur bei. Ist Ihr Stuhl noch nie repariert worden, sind die Fugen ursprünglich sicher mit Tierleim geschlossen worden, den Sie mit heißem Wasser und einem rauhen Tuch leicht entfernen können. Tierleim erkennt man an seinem braunen, karamelartigen Aussehen und der sehr guten Löslichkeit. Erst kürzlich reparierte Stühle wurden vermutlich mit PVA-Harz verleimt. Dieser ist durchscheinend weiß und hat eine käseartige Konsistenz. Um PVA-Leim zu entfernen, verwenden Sie am besten heißes Wasser oder Spiritus. Denken Sie daran, daß durch Spiritus auch Schellackpolitur in Mitleidenschaft gezogen wird. Problematisch ist Kunststoffleim. Dieser macht nämlich ähnlich wie Zement nach der Anwendung eine chemische Reaktion durch und wird in der Folge glashart und unempfindlich gegenüber sämtlichen Lösungsmitteln. Die einzige Möglichkeit, ihn von Fugenflächen zu entfernen, besteht im Abkratzen oder Abschmirgeln.

Die Anfertigung eines neuen Stuhlbeins

Windsor-Stühle haben gedrechselte Beine. Wollen Sie ein neues Bein herstellen, brauchen Sie daher eine Drehbank oder, bei einfachen Varianten, einen Spezialvorsatz zu Ihrer elektrischen Bohrmaschine. Außerdem benötigen Sie noch ein Stück Birkenholz, das etwas länger und stärker ist als das Originalbein an seiner stärksten Stelle. Messen Sie das vorhandene Bein ab oder suchen Sie, falls alle Beine fehlen, nach einem ähnlichen Stuhl, dessen Beine Sie kopieren – im allgemeinen werden die Maße etwa 500× 50 × 50 mm betragen. Fertigen Sie nun mit Hilfe des Drechselansatzes durch gleichmäßiges Andrücken des Holzstücks und fortlaufendes Abheben dünner Hobelspäne einen glatten Zylinder an.

Dann messen Sie an Ihrem Musterstück die markanten Stellen ab und drechseln auf der Drehbank einen Rohling. Die kleinen Ringwülste schnitzen Sie anschließend mit einem Drechseleisen heraus, wobei Sie immer in Richtung vom größeren Durchmesser zum kleineren arbeiten, dadurch wird die Oberfläche glatter. Die größeren, vasenförmigen Teile können mit einem Drechseleisen angefertigt werden, ebenfalls »bergab«, tiefere Rillen am oberen und unteren Ende des Stuhlbeins mit einem kleinen Hohlmeißel. Nach Abschluß der Arbeit können Sie überstehende Teile absägen. Dann spannen Sie einen langen Streifen Sandpapier in die Drehbank fest ein und polieren das Stuhlbein mit einem kleinen Holzstöckchen.

Die Anfertigung eines neuen Stuhlbeins

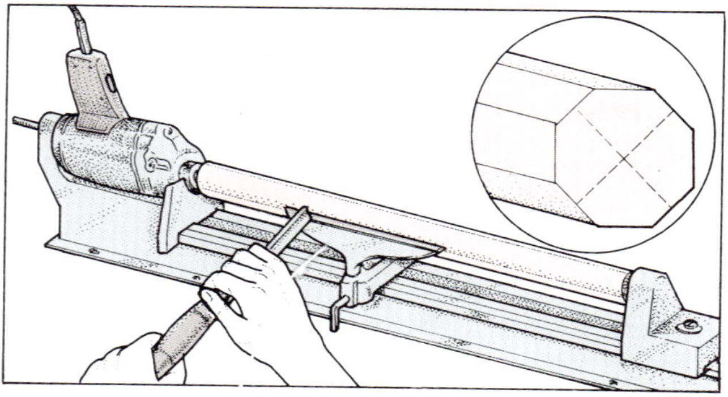

1 *Holzmitte markieren und die Ecken abhobeln. Dann mit einem Hohlmeißel einen glatten Zylinder drechseln.*

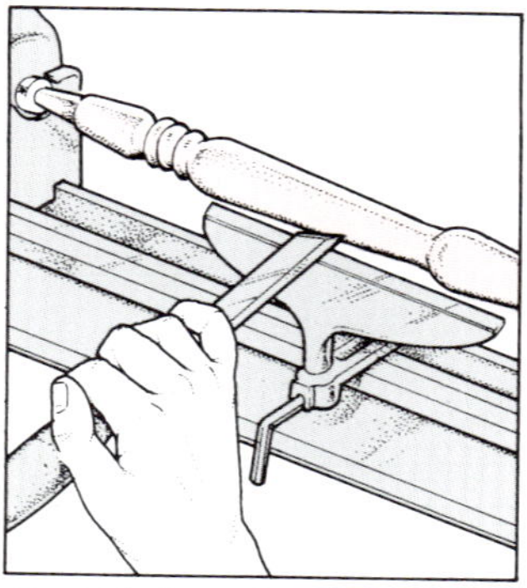

2 *Mit einem Drechslereisen die Feinarbeit vornehmen.*

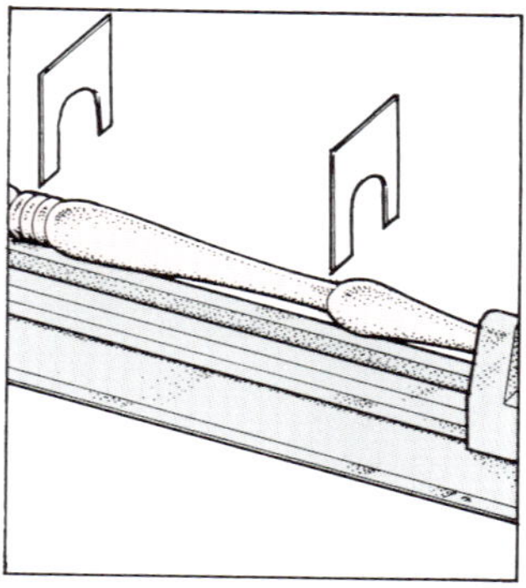

3 *Mit Sperrholzschablonen Verhältnisse prüfen.*

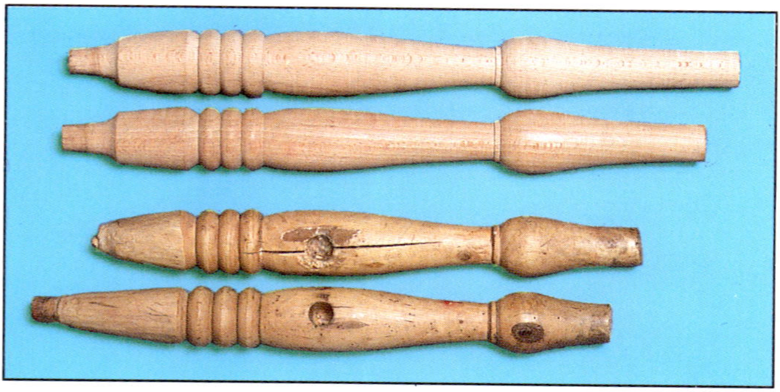

Mit der nötigen Sorgfalt gedrechselte neue Stuhlbeine werden dem alten in nichts nachstehen.

Die Vorbereitung des Leims

Sind Sie mit der Reparatur fertig, kann der Stuhl wieder zusammengebaut werden. Tierleim eignet sich für Restaurierungen am besten. Er muß kurz vor der Verwendung frisch hergestellt werden, machen Sie daher nur geringe Mengen davon. Für einen normalen Stuhl müßten 110 g mehr als genug sein. Leim in Klumpen muß zunächst einmal zerkleinert werden, indem Sie ihn in einen Plastiksack stecken und mit dem Hammer daraufschlagen. (Durch den Plastiksack verhindern Sie, daß die einzelnen Stücke in alle Richtungen davonfliegen.) Dann geben Sie die Leimbrocken in ein kleines Gefäß – ein Marmeladeglas – und füllen kaltes Wasser ein, bis der Leim bedeckt ist. Stellen Sie nun den Behälter mit der Leim-Wasser-Mischung in eine kleine Kasserolle, die Sie zur Hälfte mit kaltem Wasser gefüllt haben. Erhitzen Sie diese auf kleinem Feuer, bis das Wasser so heiß ist, daß Sie nicht mehr hineingreifen können (es soll aber nicht kochen), und halten Sie die Lösung im Wasserbad – am besten mit einer kleinen Warmhalteplatte, mit Spiritusbrenner oder Kerze – auf konstanter Temperatur. Sobald sich der Leim in eine gleichmäßige braune Brühe verwandelt hat, kann er verwendet werden. Für das Auftragen des Leims gibt es spezielle Leimbürsten zu kaufen, sind keine bei der Hand, tut es auch eine steife Malerbürste.

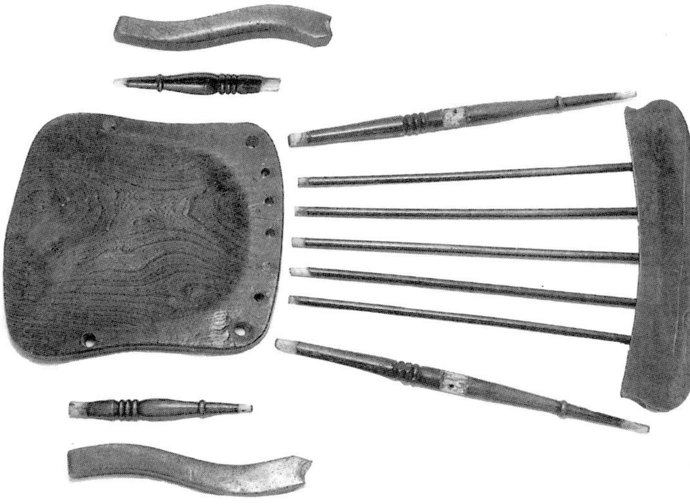

Mit Tierleim müssen Sie schnell arbeiten. Legen Sie sich daher vor dem Zusammenbau des Stuhls die Einzelteile zurecht.

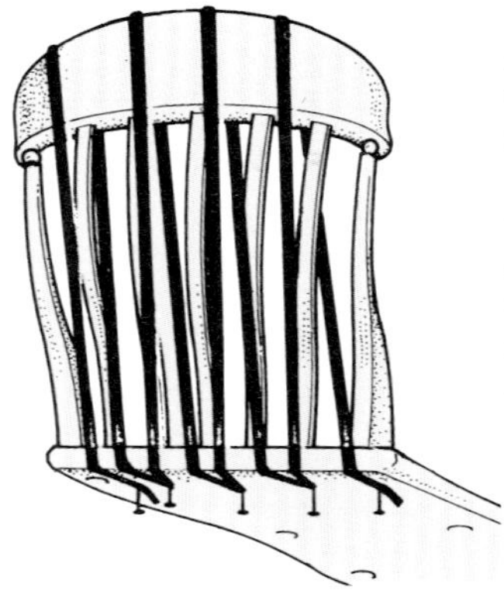

Türspanner lassen sich für die Rückenlehne nur schwer verwenden. Befestigen Sie die Einzelteile daher während des Trocknens des Leims mit Hilfe von Gummischnüren. Schlagen Sie in die Unterseite der Sitzfläche einige Tapeziererstifte, und befestigen Sie die Gummischnüre daran.

Der Zusammenbau des Stuhls

Dafür lassen sich nur schwer Regeln aufstellen, da es viele stark voneinander abweichende Konstruktionen gibt. Stühle mit Armstützen werden meist am besten von oben nach unten zusammengebaut. Wenn Sie den rückwärtigen Teil zerlegt haben, leimen Sie zunächst die hinteren Sprossen und das Mittelbrett in das Querholz. Tierleim hält nur, wenn er heiß aufgetragen wird, Sie müssen daher schnell arbeiten. Wärmen Sie die Einzelteile kurz mit einem Heizlüfter an, dann bleibt Ihnen mehr Zeit zum Zusammenbau. Ist die Rückenlehne zusammengestellt, leimen Sie sie in die Sitzfläche ein. Dazu legen Sie diese flach auf die Werkbank und tragen mit der Bürste reichlich Leim in die Löcher auf. Dann nehmen Sie das fertige Rückenteil und drücken die Sprossen in die Sitzfläche. Haben Sie bei einzelnen Sprossen Schwierigkeiten, wickeln Sie ein Stück Teppich über das Schulterbrett und bringen Sie die Rückenlehne mit gezielten Hammerschlägen an ihren ursprünglichen Platz zurück. Passen Sie, zunächst ohne zu verleimen, die vertikalen Stäbe der Armstützen in die Sitzfläche und die waagrechten in die vertikalen ein – dann wird die Rückenlehne später die richtige Position haben.

Damit die einzelnen Teile genau ihren angestammten Platz einnehmen, muß die Rückenlehne fest mit Zwingen verschraubt werden. Nun legen Sie den Stuhl auf die Werkbank und verleimen an der unteren Seite der Sitzfläche neue Hartholzkeile in den dafür vorgesehenen Schlitzen der Armstützen – alles im richtigen Winkel! Lassen Sie den Stuhl 24 Stunden lang trocknen.

Die Stuhlbeine werden genauso eingepaßt wie die Rückenlehne. Verleimen sie zuerst die Spreizen zwischen den Stuhlbeinen, bestreichen Sie dann die Stuhlbeine mit Leim und passen Sie sie paarweise in die Sitzfläche ein. Dann verspannen Sie die ganze Konstruktion fest mit Gummischnüren. Damit der Stuhl später nicht schief ist, sollte er dabei auf einer ebenen Fläche stehen.

Feinarbeit

Aus gutem Grund wendet der Restaurator der Oberflächenbehandlung stets besonderes Augenmerk zu. Radikale Maßnahmen sind hier sicherlich nur dann empfehlenswert, wenn sich die Oberfläche durch die Einwirkung von Feuchtigkeit oder nachlässige Behandlung in wirklich schlechtem Zustand befindet oder jemand dem Stück einen Anstrich oder Lacküberzug verpaßt hat, der alles andere als authentisch ist. Hier wird man unter Umständen Detektiv spielen müssen. Windsor-Stühle aus dem 18. Jahrhundert etwa wurden ursprünglich mit Wachs eingelassen oder mit Spirituslack behandelt, während zum Beispiel die heute in die USA exportierten und dort zusammengebauten Sessel schwarz oder grün gestrichen werden und auch Ornamente aufweisen.

Kleinere Reparaturen der Oberfläche

Egal für welche Art der Oberflächenbehandlung Sie sich entscheiden, als erstes müssen immer etwaige Schäden ausgebessert werden. Die Vorgangsweise wird dabei immer ziemlich ähnlich sein, ob Sie das Möbelstück anschließend streichen oder polieren. Traditionelles Füllmaterial für kleine Löcher – etwa von Nägeln oder Schrauben – ist Spachtelmasse oder aus gleichen Teilen Bienenwachs und Harz hergestellter Kitt, den Sie beim Fachhändler in vielen verschiedenen Farben erhalten. Entfernen Sie vor Auffüllen des Lochs sorgfältig sämtliche Staub- und Fettreste. Kleine Dellen auf stark strapazierten Stellen müssen oft angefeuchtet und mit der Spitze eines heißen Bügeleisens niedergepreßt werden. Durch den dabei entstehenden Dampf quellen die Holzfasern auf, und wenn Sie ein bißchen Glück haben, verschwindet die Delle fast zur Gänze. Größere Sprünge und Löcher sollten durch Einfügen eines Holzkeils, wie auf den Seiten 41/42 beschrieben, ausgebessert werden. Sprünge an Stuhl- oder Tischflächenkanten müssen verstärkt werden. Am einfachsten geschieht dies, indem Sie in die Kanten des gesprungenen Teils Löcher bohren, einen Dübel hineinstecken und beide Teile wie auf Seite 13 beschrieben verbinden. Dadurch wird ein weiteres Einreißen verhindert, und die Spachtelmasse fällt nicht heraus.

Wachspolitur

Jedes Möbelstück muß einer Oberflächenbehandlung unterzogen werden, und Wachspolitur ist ein einfaches, für rustikale Möbel besonders gut geeignetes Mittel. Entfernen Sie zunächst alte Politur- und Fettreste mit einer zu gleichen Teilen aus Terpentin und Spiritus bestehenden Mischung. Bleiben nach dieser Behandlung noch Politurreste zurück, wurde die Oberfläche gefirnißt, und Sie müssen Abbeizmittel verwenden. Sobald die Oberfläche sau-

Verkitten

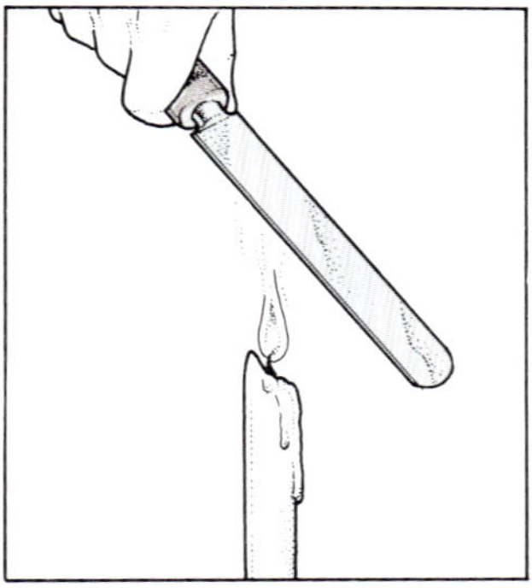

1 *Klinge eines alten Messers über einer Kerze erhitzen.*

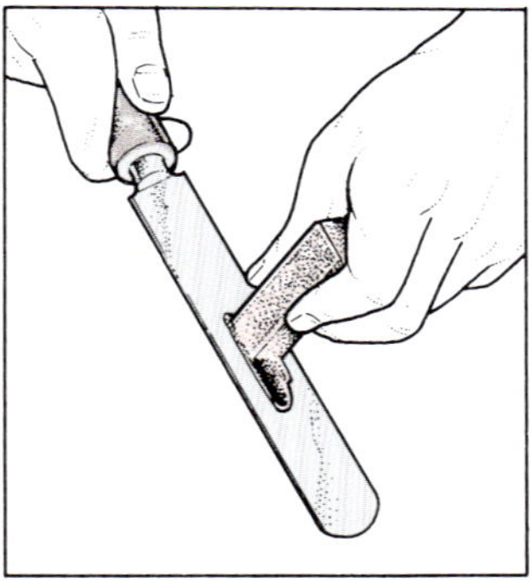

2 *Kitt gegen Klinge pressen, bis er zerschmilzt.*

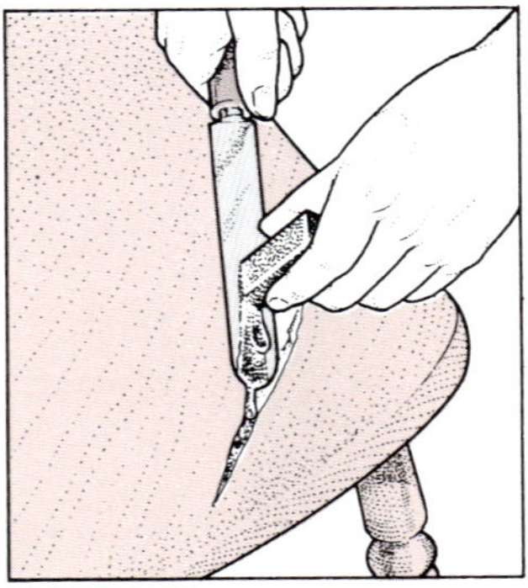

3 *Masse in das Loch oder den Sprung tropfen lassen.*

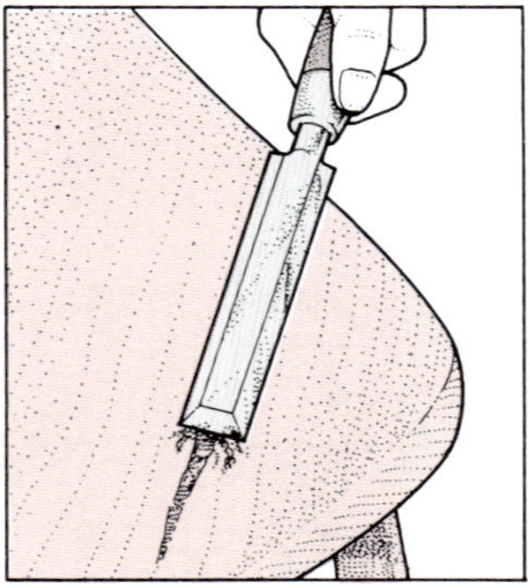

4 *Nach Abkühlen Kittüberschuß mit Stemmeisen entfernen.*

ber und trocken ist, schleifen Sie sie mit Sandpapier Nr. 240 ab. Nun können Sie mit dem Auftragen der Wachspolitur beginnen. Beim Fachhändler erhalten Sie Spezialwachssorten, Sie können aber auch Wachs selbst herstellen, wie auf Seite 75 beschrieben. Tragen Sie es am besten mit einer sauberen weichen Schuhbürste auf. Nachdem Sie das ganze Möbelstück damit eingelassen haben, reiben Sie es mit einem kleinen Bausch feinster Stahlwolle (0000) ab. Mit einem weichen Lappen geben Sie Ihrem Werkstück dann den letzten Schliff.

Das Einlassen mit Wachs können Sie wiederholen, so oft Sie wollen, achten Sie aber darauf, daß keine zu dicke Wachsschicht an der Oberfläche entsteht.

Projekt 2: *Ein Bauerntisch*

Der Bauerntisch

Diese Tische wurden bei der Herstellung von Speisen benützt, und die Köche setzten ihren ganzen Stolz darein, die Tischfläche beim Reinigen so lange mit heißer Seifenlauge abzuschrubben, bis sie weißlich schimmerte. Die Tischbeine waren meist gestrichen oder dunkel gebeizt und aufpoliert. Auch heute noch kann man immer wieder solche alten Tische billig erwerben. Das starke Interesse an ländlichen Möbeln und die Tatsache, daß sie einfach in der Konstruktion sind, hat allerdings zu zahlreichen Imitationen geführt. Sind auf der Tischfläche beispielsweise in regelmäßigen Abständen Spuren alter Nägeleinschlagstellen zu sehen, ist die Tischfläche vielleicht aus alten Fußbodenbrettern verfertigt worden. Recht aufschlußreich ist auch die Stärke des für das Untergestell verwendeten Holzes: Seien Sie bei Holz mit weniger als 25 mm Stärke lieber vorsichtig.

Schadensermittlung

Da allen diesen Tischen praktisch eine Standardkonstruktion zugrundeliegt, weisen sie auch alle die gleichen Mängel auf. Erstens wurden viele von ihnen irgendwann einmal gestrichen, und ein großer Teil des Anstrichs ist oft noch vorhanden. Trifft dies auf Ihr Werkstück zu, besteht die erste Aufgabe im Entfernen des Anstrichs. Gewöhnlich besteht die Tischfläche aus mindestens vier Brettern, in denen sich im Lauf der Jahr durch das Schwinden des Holzes Sprünge gebildet haben, die mit Gips oder Kitt gefüllt wurden. Nehmen Sie in diesem Fall am besten die Tischplatte auseinander und setzen Sie sie neu zusammen. Da die Bretter oft nur auf den Rahmen genagelt wurden, geht das sehr schnell, und unter Umständen müssen Sie, wenn die Beine gebrochen sind oder ganz fehlen, die Tischfläche ohnehin abnehmen. Wegen der starken Beanspruchung ist bei diesen Tischen oft auch das Untergestell recht robust gemacht, bei den Beinen allerdings ist es vielleicht zu Beschädigungen gekommen, wenn der Tisch beim Bödenschrubben hin- und hergeschoben wurde. Meist sind die Beine insbesondere am unteren Ende stark in Mitleidenschaft gezogen. Außerdem können auch der Boden der Tischlade oder die Führungsleisten fehlen bzw. stark beschädigt sein. Diese Arbeiten heben Sie sich aber am besten für den Schluß auf.

Zwei Varianten des Bauerntisches, geschätzt wegen seiner Robustheit und Schlichtheit. Das Design ist typisch für amerikanische Shaker-Möbel. Häufig ist eine Lade vorhanden (unten), in der der Koch seine Utensilien verstaute; diese Lade stellt Sie vor die größten Probleme.

Abbeizen

Manchmal muß man den alten Anstrich oder die Politur entfernen, doch sollten Sie ein Möbelstück nur abbeizen, wenn Sie sicher sind, daß es nicht dem Originalzustand entspricht. Im Handel sind verschiedene Abbeizmittel für den Hausgebrauch erhältlich, von denen sich die meisten auch für Restaurierungsarbeiten eignen; wichtig ist, das richtige Mittel auszuwählen. Grob gesprochen, gibt es zwei Arten flüssiger Abbeizmittel: Produkte, die nach ihrer Anwendung mit Wasser abgewaschen werden, und solche, die man mit Terpentinersatz (Farbverdünner) entfernt. Für Vollholzmöbel eignen sich beide, mit Terpentinersatz abwaschbare Mittel sind bei heiklen Gegenständen, vor allem mit furnierten und intarsierten Oberflächen, vorzuziehen, da der beim Aufkleben der Furniere verwendete Tierleim wasserlöslich ist. In den letzten Jahren ist die Zahl der Firmen, die das Abbeizen kommerziell betreiben, sprunghaft gestiegen. Die dort angewendete Methode, das Möbelstück in einen großen Behälter mit Lauge zu tauchen, ist wirkungsvoll, eignet sich allerdings nur für äußerst robuste Gegenstände. Außerdem wird Ihr Möbelstück dort sicher nicht mit derselben Sorgfalt behandelt, die Sie anwenden würden. Das Abbeizen nehmen Sie am besten im Freien bei eher kühlem Wetter

Zum Entfernen wasserlöslicher Abbeizmittel verwendet man am besten eine steife Nylonbürste.

Abbeiztechniken

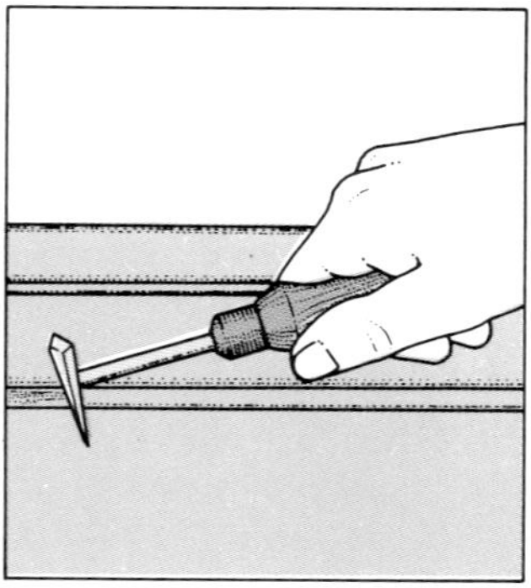

1 *Mit Farbkratzer Farbe aus Vertiefungen entfernen.*

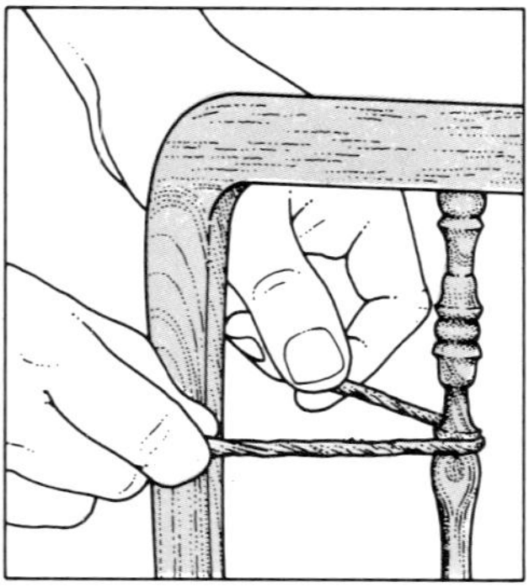

2 *Schnur und Stahlwolle für schlecht zugängliche Stellen.*

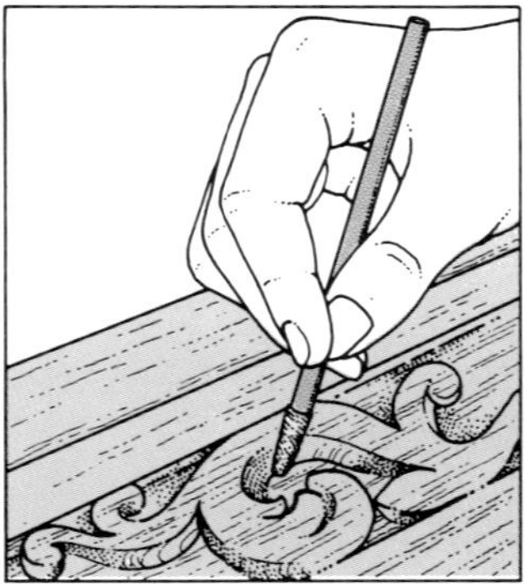

3 *Für Schnitzwerk Stahlwolle um Stöckchen wickeln.*

4 *Überreste mit weicher Drahtbürste entfernen.*

vor, weil dann das Abbeizmittel nicht so schnell trocknet. Haben sich Raumverhältnisse und Wetter gegen Sie verschworen, so arbeiten Sie in einem gut gelüfteten ungeheizten Raum, und zwar bei geöffnetem Fenster, und rauchen Sie bei der Arbeit nicht. Decken Sie den Fußboden reichlich mit alten Zeitungen ab, tragen Sie alte Kleidung, Handschuhe und Schutzbrille. Halten Sie sich genau an die Anweisungen des Herstellers, und achten Sie besonders darauf, daß Sie keine schlecht zugänglichen Rillen und Ecken übersehen. Ist der Anstrich sehr dick oder hartnäckig, werden vielleicht zwei Abbeizvorgänge notwendig sein. Sie müssen daher genügend Lösungsmittel und Baumwollappen bereitstellen. Sobald Sie fertig sind, entfernen Sie sämtliche Spuren des Abbeizmittels von Ihrem Möbelstück – Rückstände würden sich auf die Qualität der neuen Politur nachteilig auswirken.

Die Reparatur der Tischplatte

Im Gegensatz zu polierten Möbeln, die man entsprechend sorgsam behandelte, wurden Bauerntische von vornherein robust gebaut, denn heißes Wasser, Fett, Fleischsaft und Küchenutensilien hinterlassen nun einmal Spuren. Als Folge des intensiven Gebrauchs sind oft, vor allem zwischen den einzelnen Brettern, breite Zwischenräume entstanden. Die Tischplatten sind verschraubt oder genagelt. Bei Bauerntischen verwendete man zum Befestigen der Platte altmodisch geschnittene Nägel. Um eine angenagelte Platte abmontieren zu können, treiben Sie am besten ein breites Stemmeisen in den schmalen Spalt zwischen Plattenunterseite und Tischuntergestell. Stecken Sie das Stemmeisen etwa 25 mm in den Spalt, dann drücken Sie den Griff langsam nach unten, so daß sich die Platte vom Untergestell abhebt. Zum Auseinandernehmen der Bretter gibt es speziell für Dielenbretter ein bestimmtes Werkzeug, praktisch eine Art Brechstange, zu kaufen, wenn Sie Ihr normales Stemmeisen lieber schonen wollen. Heben Sie nun die Bretter mit Hilfe des Stemmeisens Zentimeter für Zentimeter vorsichtig, ohne die Platte zu beschädigen, rundherum vom Untergestell ab. Normalerweise ragen die alten geschnittenen Nägel von unten in die Tischbretter und bleiben beim Zerlegen am Untergestell des Tisches zurück, von wo sie mit einer Zange leicht entfernt werden können.

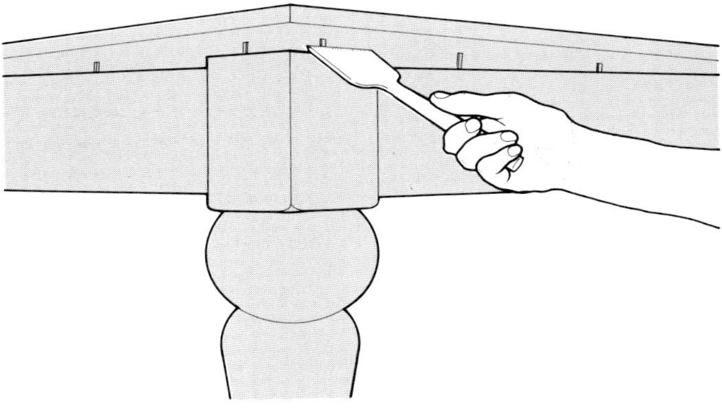

Schieben Sie ein Brecheisen in die Fuge zwischen Untergestell und Tischplatte und heben Sie die Bretter ab.

Obwohl die einzelnen Bretter der Tischplatte manchmal mit Nut und Feder oder, seltener, mit Holzdübeln verbunden sind, ist das Zerlegen kaum jemals schwierig. Sollten sich die Fugen nicht öffnen lassen, gießen Sie vor Beginn der Arbeit kochendes Wasser über die Unterseite, um die Tischoberfläche nicht zu beschädigen.

Die Ausbesserung der Tischplatte

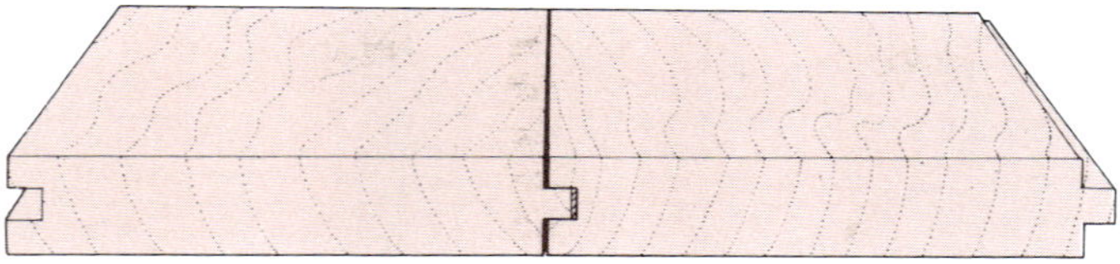

Haben sich Fugen gebildet und sitzt die Feder fest, Feder abhobeln und Bretter anschließend wieder zusammenbauen.

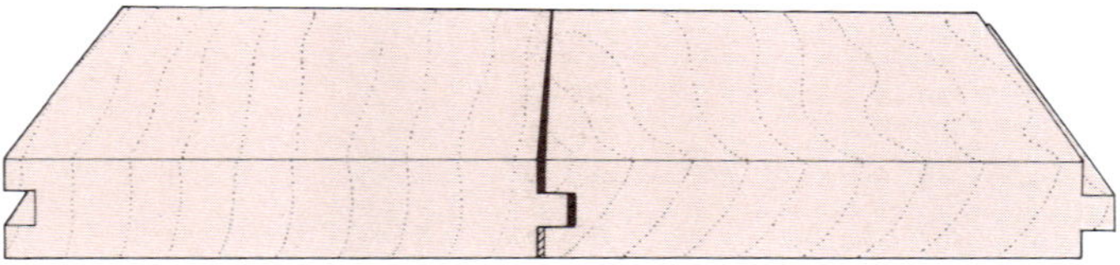

Nun ist die Oberfläche tadellos. Spießen sich die Bretter an der Plattenunterseite, überstehendes Holz abhobeln.

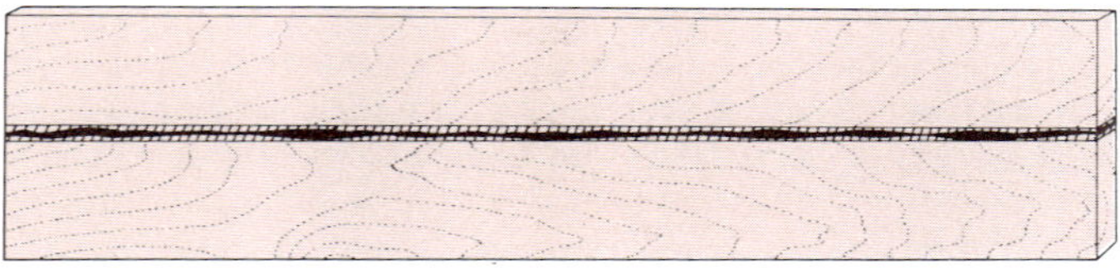

Bretter mit geraden Kanten werden mit einem ganz dünn eingestellten scharfen Hobel abgehobelt.

Sind die einzelnen Bretter der Tischplatte mit Stiften oder durch Feder und Nut verbunden, ist das Zusammenpassen schon eine schwierige Aufgabe. Bei Feder- und Nutverbindungen müssen Sie zunächst einmal die Nut, die sich im Lauf der Jahre mit Staub und Speisebröseln gefüllt hat, sorgfältig reinigen. Dann stecken Sie die Bretter probeweise in der richtigen Reihenfolge zusammen und spannen sie mit mindestens drei Zwingen fest zusammen. Bleiben immer noch Fugen zwischen den Brettern, müssen Sie die Nut abhobeln. Bei Brettern mit geraden Kanten müssen Sie diese mit einem scharfen Hobel abhobeln. Hobeln Sie aber immer nur ganz dünne Späne ab, und probieren Sie zwischendurch immer wieder aus, ob die Bretter schon zusammenpassen. Wenn Sie die Kanten ein wenig unterschneiden, werden die Bretter wieder perfekt ohne Fugen zusammenpassen. Ist die Platte Ihres Tisches angedübelt, gehen Sie genauso vor, nur müssen Sie die Dübel zunächst entfernen und nach dem Abschleifen der Kanten wieder an der ursprünglichen Stelle einsetzen. Sind keine weiteren Reparaturen notwendig, befestigen Sie die Platte mit den alten Nägeln wieder am Untergestell.

Reparaturen am Rahmen

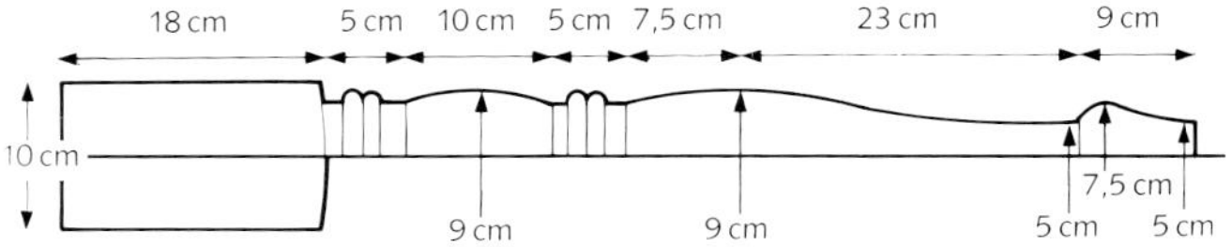

Maßskizze für ein Ersatzbein. Präzisionsarbeit ist nicht unbedingt erforderlich. Das menschliche Auge nimmt leichte Unterschiede an Stuhlbeinen, die mehr als 60 cm voneinander entfernt sind, kaum wahr.

Oft sind ein oder mehrere Beine verlorengegangen bzw. so stark beschädigt, daß sie nicht mehr repariert werden können. Ganze Tischbeine können, wie auf den Seiten 20/21 beschrieben, auf einer Drehbank gedrechselt werden; bei einem Tischbein dieser Größe empfiehlt es sich, eine Maßskizze anzufertigen und diese einem Drechsler mit größeren Maschinen anzuvertrauen. Einen Fachmann finden Sie entweder im Branchenverzeichnis oder bei der Handwerkerinnung. Möglich ist auch, daß der Leim ausgetrocknet ist, die einzelnen Teile aber in Ordnung sind. Dann müssen Sie die Fugen mit heißem Wasser reinigen, mit heißem Tierleim bestreichen (siehe Seiten 22/23) und neu zusammensetzen. Am besten drehen Sie dabei den Tisch um und legen ihn auf zwei Böcke oder auf eine Werkbank. Damit das Bein nach dem Anleimen gerade ist, muß es vor dem Antrocknen in einen rechten Winkel zum Rahmen gebracht werden. Neigt das Bein dazu, in eine Richtung zu kippen, nehmen Sie am besten, während der Leim antrocknet, ein Stück Holz als Stütze.

Ist das Bein an der Verbindungsstelle eingerissen, nehmen Sie es ab, reinigen die Schnittflächen und spannen es in den Schraubstock, damit Sie arbeiten können. Soviel Leim wie möglich in die Sprünge einfüllen und dann die Teile so fest zusammenpressen, daß die Risse sich zur Gänze schließen. Tierleim ist dafür nicht geeignet, da er zu schnell abkühlt und dick wird. Verwenden Sie gewöhnlichen gelben PVA-Leim für Holzarbeiten, verdünnt mit 25% Wasser. Spreizen Sie nun die Spalten mit einem Stemmeisen oder Schraubenzieher auseinander, und tragen Sie mit einer Malerbürste soviel Leim wie möglich auf. Dann binden Sie die Teile mit Gummischnüren zusammen oder verspannen Sie mit Schraubzwingen. Wischen Sie überschüssigen Leim sofort weg oder entfernen Sie ihn später mit Spiritus.

Ist ein Zapfen an einer Stirnseite der Rahmenverbindung gebrochen, schneiden Sie den beschädigten Stumpen heraus, fertigen einen neuen Zapfen an und stecken diesen in eine Ausnehmung in der Stirnseite. Verwenden Sie gut abgelagertes Holz und achten

Sie darauf, daß der Ersatzzapfen genau die gleiche Form wie der ursprüngliche hat. Damit die Schnittflächen exakt aufeinanderpassen, sägen Sie die Stirnseiten ab und arbeiten mit einem scharfen Stemmeisen nach. Dann fügen Sie den Rahmen wieder zusammen, wobei Sie darauf achten müssen, daß die Konstruktion nicht verdreht oder verzogen ist.

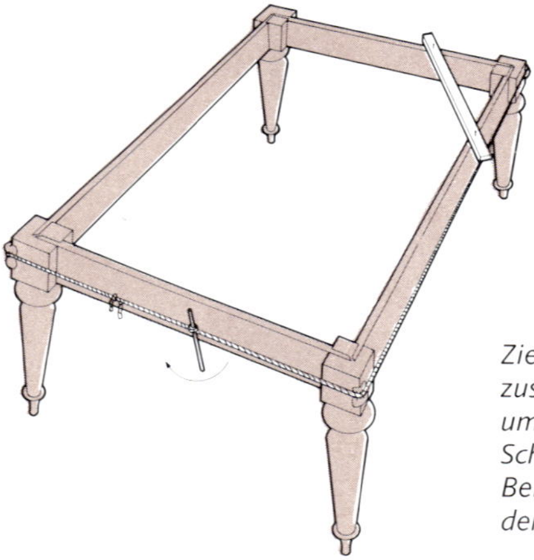

Ziehen Sie die Fugen fest zusammen, indem Sie rund um den Rahmen eine starke Schnur wickeln. Damit die Beine nicht beschädigt werden, schnitzen Sie sie mit.

Die Einpassung eines falschen Zapfens

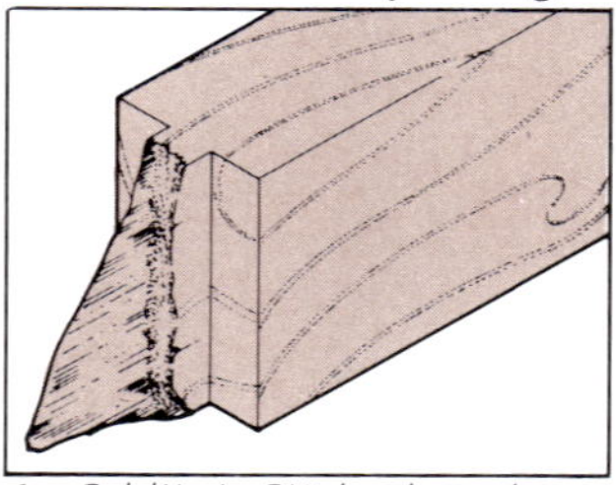

1 *Schlitz in Stärke des gebrochenen Zapfens schneiden.*

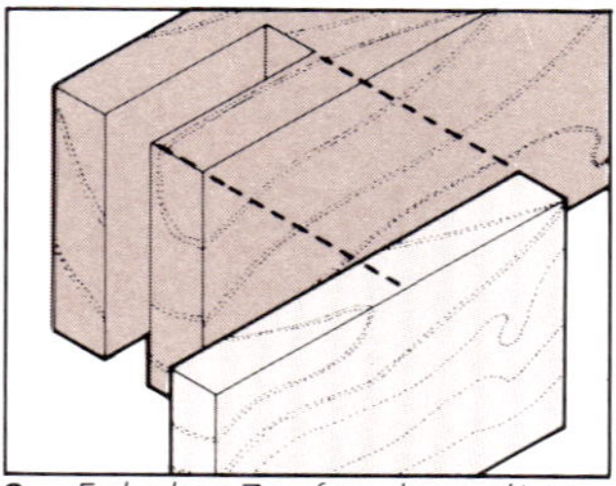

2 *Falscher Zapfen doppelt so lang wie der ursprüngliche.*

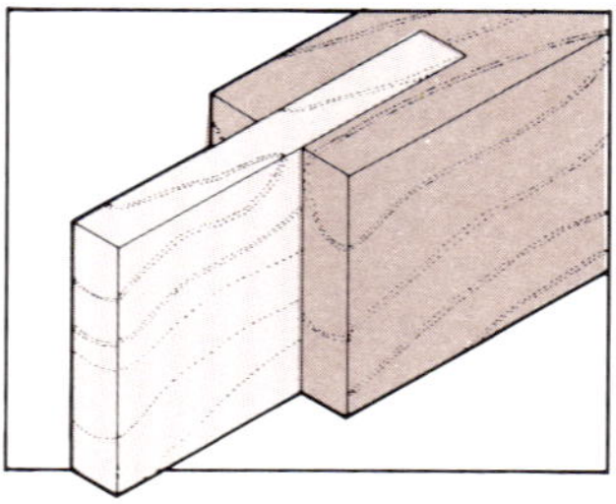

3 *Probieren, ob der falsche Zapfen paßt, dann leimen.*

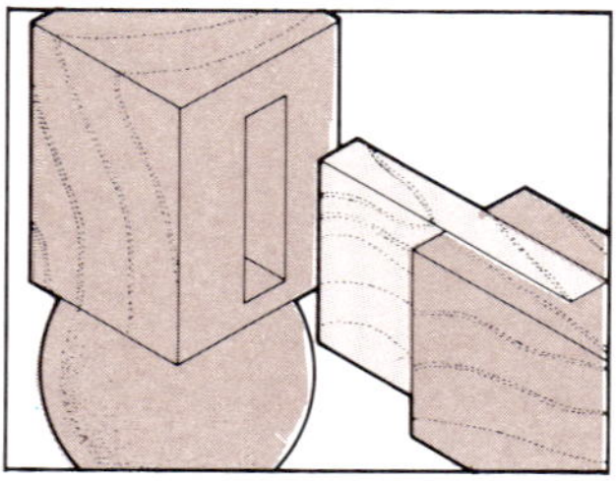

4 *Tisch fest mit Zwingen verspannen.*

Die Reparatur von Schubladen

Die meisten traditionellen Küchentische waren mit Laden versehen. Da diese meist recht schwer waren, gingen entweder die Laden oder ihre Führungsleisten kaputt. Sind die Teile nicht verlorengegangen, ist es einfach, sie wieder zusammenzusetzen und zu verleimen; fehlt zu viel, werden Sie eine neue Lade anfertigen müssen.

Die Anfertigung herkömmlicher Schubladen

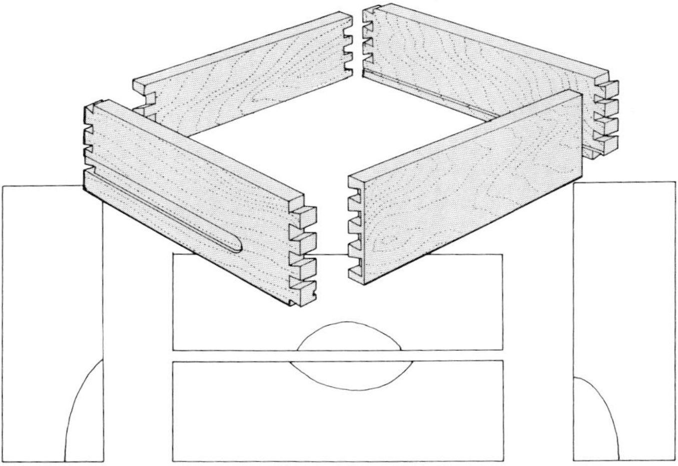

Zeichnung der Teile für eine neue Lade. Bezeichnen Sie jedes Teil, bevor Sie mit der Arbeit beginnen, um spätere Verwechslungen auszuschließen.

Verwenden Sie dafür möglichst altes Holz, oder passen Sie eine vorhandene alte Lade in Ihren Tisch ein, das sieht schöner aus und spart Zeit. Wenn Sie die Lade aus neuem Holz machen müssen, nehmen Sie für das vordere Teil 22 mm starke Bretter, die zum Tischrahmen passen. Seiten- und Rückenteile schneiden Sie aus 10-mm-Brettern, den Boden aus einem 6-mm-Brett. Vielleicht sind fertige Bretter in dieser Stärke nicht zu finden, im Fachgeschäft wird man sie Ihnen aber zuschneiden. Seiten- und Rückenteile sowie Ladenboden können aus Eichen- oder gutem Fichtenholz, nicht aus Bauholz angefertigt werden. Schneiden Sie zunächst das Vorderteil der Lade zu, das eher streng im Rahmen sitzen soll. Für die Seitenteile nehmen Sie dann die gleiche Holzstärke wie beim Vorderteil und richten sich in der Länge nach den Führungsleisten, auf denen sich die Länge der alten Lade an der Abnützung feststellen läßt. Schneiden Sie das rückwärtige Teil genauso lang zu wie das Vorderteil und rundherum 20 mm schmäler.

Die Anfertigung von Holzverbindungen

Um die einzelnen Teile einer Lade miteinander zu verbinden, bediente man sich der Schwalbenschwanzverbindung. Sie benötigen dazu ein Streichmaß, eine feine Handsäge und zwei Stemmeisen, 6 mm und 10 mm breit. Um Verwechslungen zu vermeiden, markieren Sie zunächst die einzelnen Ladenteile und schneiden Sie dann erst zu. Stellen Sie nun das Streichmaß auf etwa 12 mm ein und reißen Sie rechts und links an der Innenseite des Vorderteils die Überlappung an. Diese zeigt an, wie weit die Ladenseitenteile in das Vorderteil hineinreichen. Mit der gleichen Streichmaßeinstellung reißen Sie rund um die vorderen Stirnenden der Seitenteile Linien an. Danach stellen Sie das Streichmaß genau auf die Stärke der Seitenteile ein und ziehen rund um die hinteren Stirnenden der Seitenteile sowie rund um die beiden Stirnenden des hinteren Ladenteils einen Strich. Zeichnen Sie nun die Schwalbenschwanzverbindungen wie auf der Abbildung unten ein. Sind die einzelnen Teile einer Lade fertig, leimen Sie sie zusammen. Der Ladenboden kommt in eine Nut, wobei die Maserung von Seitenteil zu Seitenteil verlaufen muß. Abschließend hobeln Sie die Ladenseitenteile ab, bis die Lade sich leicht öffnen und schließen läßt.

Die Herstellung einer Schwalbenschwanzverbindung

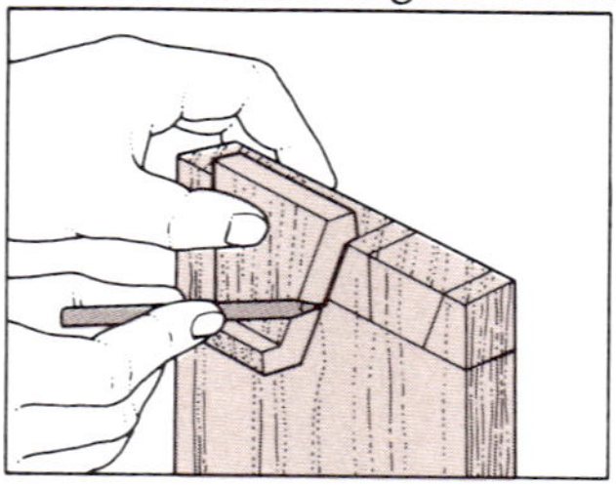

1 *Verbindung auf Überlappung einzeichnen.*

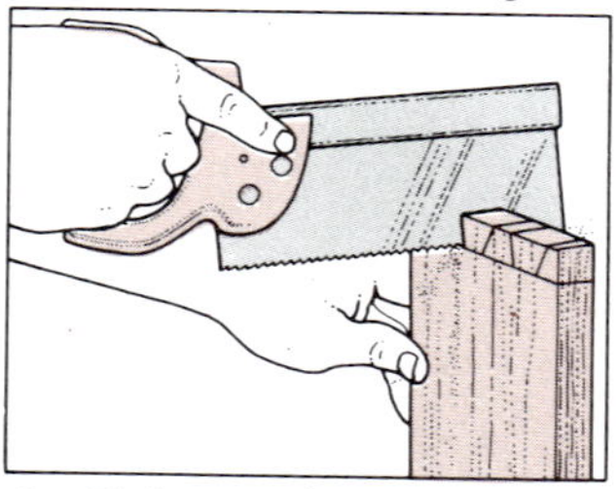

2 *Zinken mit feiner Schwalbenschwanzsäge aussägen.*

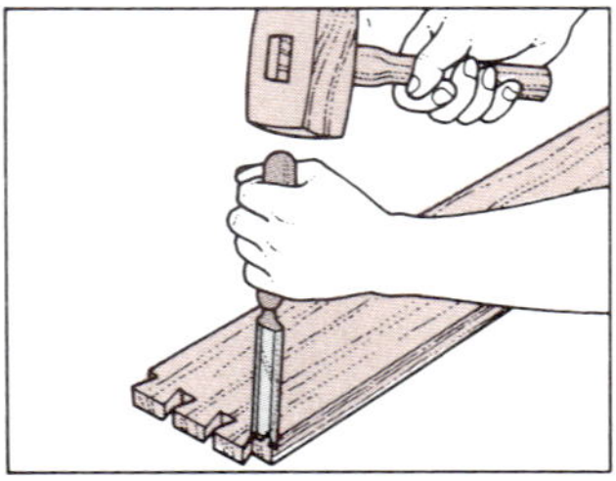

3 *Holz zwischen Zinken entfernen.*

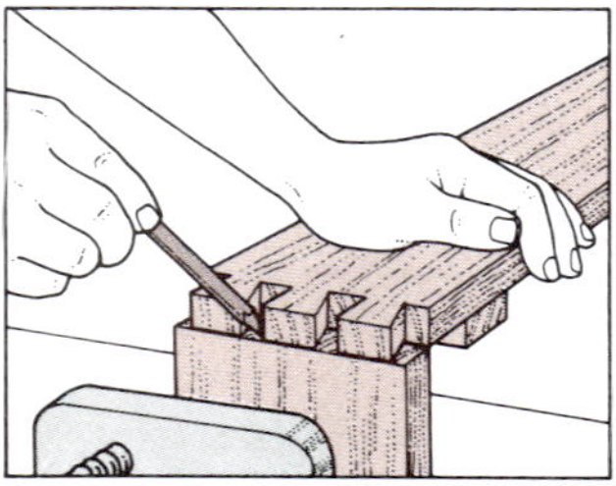

4 *Seitenteil als Schablone verwenden.*

Projekt 3: *Eine Wäschetruhe*

Die verschiedenen Arten von Truhen

Holzkommoden und Truhen erfreuten sich stets großer Beliebtheit und wurden von vielen aufeinanderfolgenden Generationen von Handwerkern dem Tagesgeschmack entsprechend oder nach traditionellem Vorbild hergestellt. Auf dem europäischen Kontinent war es ein häufig geübter Brauch, Bräuten die Mitgift in einer robusten Truhe mitzugeben; in vielen armen Häusern war die Truhe oft das einzige Möbelstück, das gleichzeitig als Tisch, als Garderobe und als Aufbewahrungsort für Leinen sowie als Sitzgelegenheit diente. Vieler solcher Truhen wurden von europäischen Auswanderern mit nach Amerika genommen und eine große Anzahl auch von den ersten Siedlern in Amerika gebaut. In den Vereinigten Staaten findet man außerdem kleinere, meist reich verzierte Bibelkästchen, die mit ihren größeren Verwandten vieles gemeinsam haben und beim Restaurieren ebenso wie diese behandelt werden können.

Wir unterscheiden im wesentlichen zwei Arten von Truhen: die in Rahmenbauweise hergestellten, die durch ihre komplizierte Konstruktion weniger anfällig für Feuchtigkeit oder große Trokkenheit waren, und die Bauerntruhen, aus einfachen breiten Brettern zusammengenagelt und weitaus weniger robust. Beide Typen haben manchmal Innenladen oder einen starren Einsatz, dessen Deckel sich nach oben hin öffnen läßt. Die Truhen waren meistens ausgelegt, wobei die ursprüngliche Tapezierung allerdings fehlen kann.

Schadensermittlung

Die anfälligsten Teile einer Truhe sind Unterbau und Deckel. Der Unterbau kann aus einer einfachen Fußleiste, einem sogenannten Sockel bestehen, sie kann aber auch, was seltener der Fall ist, auf vier gedrechselten Füßen ruhen. Außerdem gibt es Truhen in Stollenbauweise, hier reichen die Seitenwände bis zum Boden hinunter und sind unterhalb des Truhenbodens so ausgeschnitten, daß zwei Füße entstehen. Derartige Füße weisen darauf hin, daß man es mit einem sehr frühen Stück zu tun hat. Häufigstes Problem sind verlorene Zierleisten oder lockere Unterlagsklötze zur Verstärkung des Sockels.

Bei fast allen Truhen besteht der Deckel aus mehreren festen Brettern, die sich heute durch die extrem trockene Luft in unseren zentralgeheizten Räumen verziehen und Risse bekommen. Ein weiteres häufiges Problem bei Truhendeckeln sind Sprünge im Bereich der Schlösser und Scharniere.

Diese Wäschetruhe in Rahmenbauweise (oben) mit Schnitzereien und Sockel wurde nach alten Vorbildern hergestellt. Renovierte Truhen (unten) sind ein Schmuckstück für jeden Raum.

Die Entfernung von Innenauskleidungen

Einfache Truhen sind manchmal mit gemusterten Tapeten, häufig auf eine Lage Zeitungspapier geklebt, ausgekleidet; aus der Art der Tapezierung können Rückschlüsse auf das Alter des Möbelstücks gezogen werden. Kästchen mit Täfelungen wurden für gewöhnlich mit Stoff ausgelegt, der mit Stiften an der Innenseite befestigt wurde. Ist die Bespannung in schlechtem Zustand, oder müssen an dem Kästchen größere Reparaturen durchgeführt werden, müssen Stoff oder Tapeten entfernt werden. Papiertapeten feuchten Sie ordentlich an wie bei Wandtapeten, die Sie abkratzen wollen. Stoffe sind meist mit Stiften befestigt, manchmal wurden sie allerdings an den Kanten verleimt.

Handelt es sich um Originalauskleidungen, sollten Sie sie aufheben und nach der Reparatur neu befestigen. Dann müssen Sie natürlich besonders vorsichtig vorgehen. Alte Stoffe kann man verstärken, indem man feinen Kattun (Musselin) auf die Rückseite klebt. Erhitzen Sie Bienenwachs im Wasserbad, wie auf den Seiten 22/23 für Tierleim beschrieben, und streichen Sie eine dünne Schicht auf den Kattun, dann bügeln Sie den alten Stoff mit einem warmen Bügeleisen auf die mit Wachs überzogene Seite auf. Papiertapeten verstärkt man mit gut vorgewaschenem Baumwollstoff. Als Kleber verwenden Sie eine dünne Schicht gewöhnlichen Tapeziererkleisters.

Reparaturen am Unterbau

Besteht der Unterbau Ihrer Truhe aus einem einfachen Sockel, so haben Sie nichts anderes zu tun, als mit Wasser und einem Schabeisen sämtliche Leimreste von der Oberfläche zu entfernen und anschließend die lockeren Teile an ihrem alten Platz zu verleimen.

Fehlen Teile, wird die Sache schon etwas schwieriger. Vor allem wenn Zierleisten oder Schnitzereien an den Ecken oder an der Vorderfront zu ergänzen sind. Fehlen nur kurze Zierleistenstücke, so fertigt man diese am besten mit einem Profilschaber wie auf Seite 9 beschrieben an. Zur Herstellung mit einer maßgetreuen Zierleiste schneiden Sie sich zunächst einmal ein dünnes Stück Stahlblech so zurecht, bis seine Form genau dem Profil des verbliebenen Leistenstücks entspricht. Vergleichen Sie zwischendurch immer wieder mit dem Original.

Schrauben Sie nun das zu bearbeitende Holzstück in den Schraubstock, nehmen Sie den Profilschaber fest in beide Hände und fahren Sie damit an der Kante des Bretts entlang. Drücken Sie das kurze Ende des Schabers fest an das Brett, und nun achten Sie darauf, daß Sie ihn immer gerade führen. Der waagerechte Arm des Schabers verhindert, daß die Kehlung zu tief gerät. Mit dem Schabeisen wird nun nach und nach das überflüssige Holz entfernt,

Die Anfertigung einer Ersatzleiste

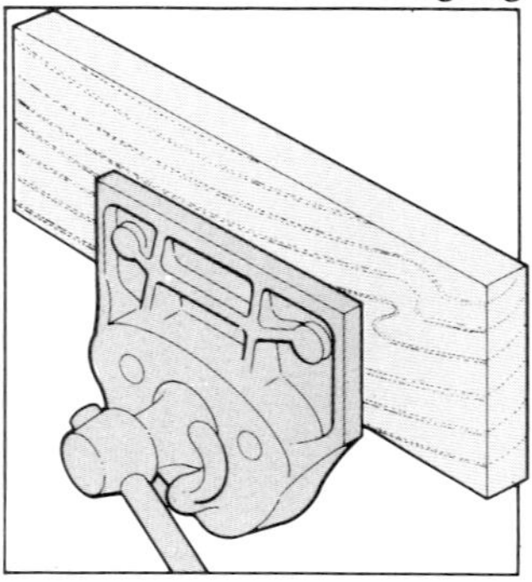

1 *Schrauben Sie das Holz im Schraubstock ein.*

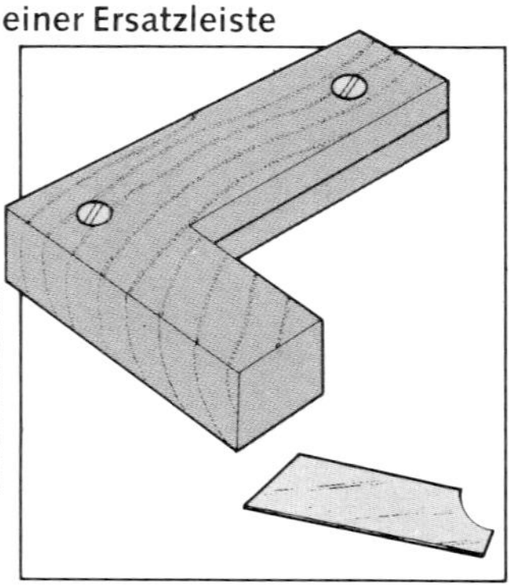

2 *Schieben Sie die Profilklinge in den Schaber.*

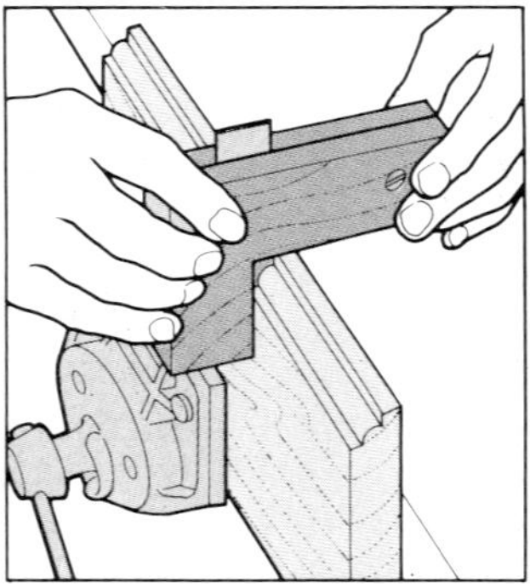

3 *Ziehen Sie den Profilschaber an der Holzkante entlang.*

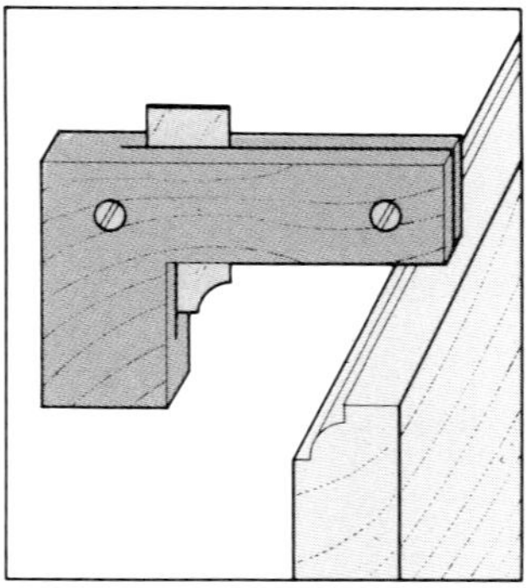

4 *Das fertige Profil entspricht dem Profil der Ziehklinge.*

und die Zierleiste erhält die gewünschte Form. Nun können Sie den neuen Sockel zuschneiden, die Gehrung anfertigen und dann alles an seinen Platz leimen.

Sockel sind oft mit hintereinander angeordneten kleinen Holzstücken verstärkt, die man an der Hinterseite mitgeklebt hat. Diese Zulagen lockern sich oft und gehen dann verloren. Müssen Sie derartige Zulagen ersetzen, schneiden Sie sich Holzstücke mit einer Länge von etwa 50–100 mm zu. Drehen Sie die Truhe um, bestreichen Sie die Zulagen mit heißem Tierleim und drücken Sie sie fest an ihren Platz. Denken Sie daran, daß Sie mit Tierleim unbedingt schnell arbeiten müssen! Durch leicht reibende Bewegungen wird der überschüssige Leim herausgedrückt. Es ist nicht nötig, daß die Holzzulagen mit Zwingen, Stiften oder Nägeln befestigt werden.

Die Reparatur von Truhendeckeln

Schäden an den Deckeln von Truhenkästchen rühren oft daher, daß sie zu weit geöffnet und dadurch die Scharniere zu stark beansprucht und verzogen wurden. Oft sind dabei auch die Schraubenlöcher ausgeleiert worden, so daß das Schraubengewinde jetzt keinen Halt mehr findet. Schrauben Sie am besten die Scharniere ab und biegen die Scharnierblätter vorsichtig gerade. In die größer gewordenen Löcher im Truhendeckel stecken Sie in Leim getauchte Holzspäne. Für Truhen gab es die verschiedensten Arten von Scharnieren: Am häufigsten vertreten waren T-Scharniere aus Eisen, seltener aus Messing; unter Umständen stoßen Sie aber auch auf Angelbänder oder Blattscharniere, die, wenn es sich um eine hochwertige Ausführung handelte, aus Gußmessing hergestellt wurden. Nicht gerade häufig, bei alten Truhen aber hin und wieder doch, finden sich Holzscharniere, die allerdings heute meist gebrochen sind, vor allem weil dabei nur die durch die hölzernen Scharnierteile gesteckten Stifte aus Metall sind. Die einzig brauchbare Möglichkeit ist, neue Holzteile einzusetzen und die gebrochenen Teile nach dem Original neu zu schnitzen. Mit etwas Sorgfalt ist es möglich, das neue Holz unter der alten Oberfläche zu verstecken.

Manchmal wurde die Truhe durch normale Scharniere so stark beschädigt, daß sie an dieser Stelle neue Holzkeile einlassen und die Scharniere darauf befestigen müssen. Schneiden Sie ein passendes Stück altes Holz zurecht, aber es soll eine Spur stärker sein als unbedingt notwendig. Legen Sie das Einsatzstück an die Stelle, für die es bestimmt ist, und reißen Sie es an. Mit einer Säge und einem scharfen Stemmeisen machen Sie nun eine entsprechende Ausnehmung und glätten anschließend die Schnittflächen sorgfältig, damit sich der neue Holzkeil gut einsetzen läßt. Ein einfacher Keil eignet sich für diese Reparatur am besten, da er sich genau einpassen läßt.

Auf diese schwarzen brennlackierten eisernen T-Scharniere und die Angelbänder aus Messing werden Sie beim Restaurieren alter Möbelstücke am häufigsten stoßen.

Streichen Sie mit einer Bürste etwas Tierleim in die Ausnehmung, und setzen Sie den Holzkeil sofort ein. Legen Sie während des Trocknens des Leims eine Zwinge an. Nach 24 Stunden hobeln Sie mit einem scharfen, ganz fein eingestellten Hobel die Oberfläche bündig ab und setzen das Scharnier wieder ein. Auf diese Art läßt sich, wenn nötig, auch Holz rund um Schlösser reparieren.

Ein weiteres bei Truhendeckeln häufig auftretendes Problem ist das Verziehen und Verwerfen des Holzes. Hier gibt es zwar kein Allheilmittel, manchmal hilft es, wenn man auf die aufgewölbte Seite des Deckels ein passendes Holzfurnier aufklebt, das sich beim Trocknen zusammenzieht und dabei die Blase glättet. Weitere Einzelheiten über Scharniere finden Sie auf den Seiten 70/71, über Furnierarbeiten auf den Seiten 56–59.

Die Einsetzung eines einfachen Holzkeils

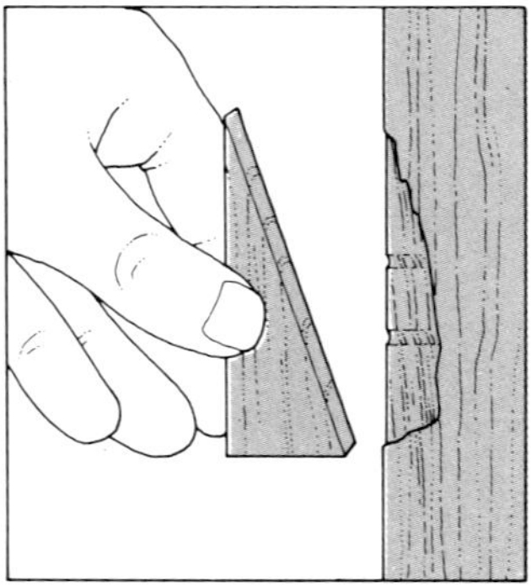

1 *Einsatz etwas größer als der zu ersetzende Teil.*

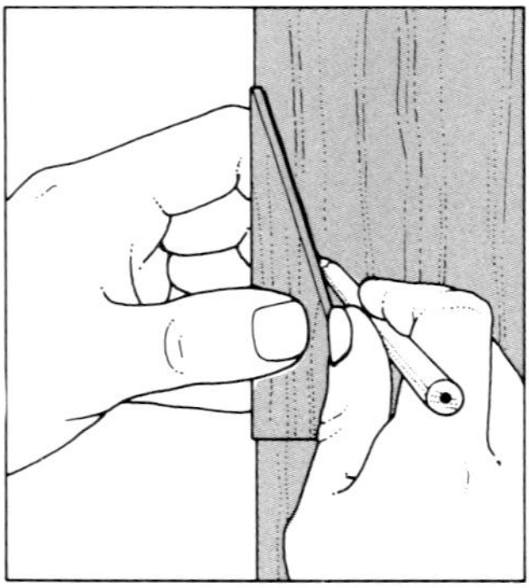

2 *Einsatz mit scharfem Bleistift anreißen.*

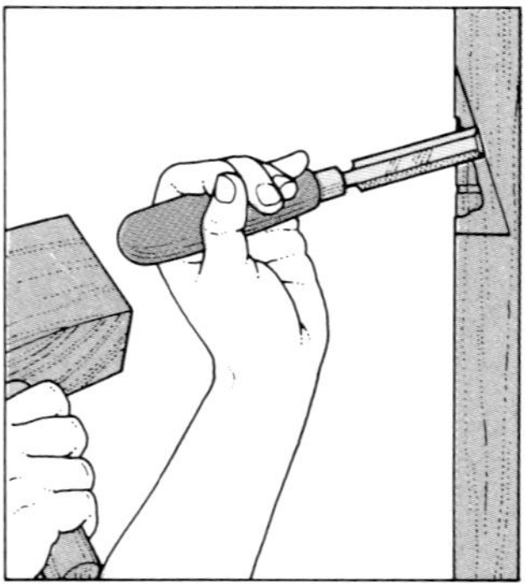

3 *Stemmen Sie das alte Holz heraus.*

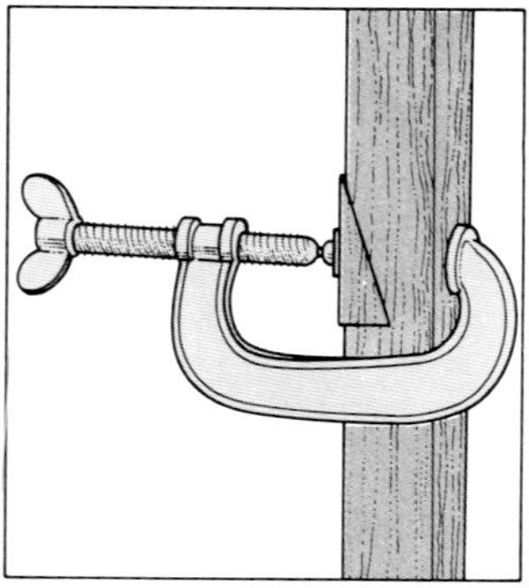

4 *Keil einleimen und mit Zwinge befestigen.*

Projekt 4: *Eine Fichtenholzkommode*

Möbel für jedermann

An der Wende zum 20. Jahrhundert wurden in den großen Möbelproduktionszentren in London und Philadelphia größtenteils sehr solide Möbel hergestellt, die dem Geschmack der Mittelklasse entsprachen und die mit wachsendem Wohlstand die steigende Nachfrage befriedigen sollten. Durch den Einsatz einer immer größeren Zahl von Maschinen konzentrierte sich die Produktion auf immer größere Fabriken, die mit der Zeit die kleinen Handwerksbetriebe verdrängten. Viele Kleinbetriebe überlebten allerdings dadurch, daß sie für die Arbeiter in den Städten billige Ausführungen der für die wohlhabenden Schichten bestimmten Mahagoni- und Kirschholzmöbel herstellten. Die hier beschriebene Kommode ist ein perfektes Beispiel für diese Art von Möbelstücken. Es besteht aus Fichtenholz, das aufpoliert wurde, um wie teures Mahagoni auszusehen; die Seitenteile und Deckplatte der Kommode sind aus je einem breiten Brett und unterhalb der Platte in eine Nut eingelassen. Die Führungsleisten für die Laden sind an den Seitenteilen angenagelt, und die vorderen Querhölzer zwischen den Laden sind mit Keilzinkenverbindungen befestigt. Die Laden selber haben Schwalbenschwanzverbindungen. »Einfach und billig«, lautete das Motto für dieses Möbelstück, trotzdem ist der Gesamteindruck erfreulich.

Schadensermittlung

Eine erste Untersuchung der Kommode ergibt, daß die Bretter der Hinterwand beschädigt sind, daß sich bei allen Ladenböden das Holz zusammengezogen hat und diese daher nicht mehr in den Nuten an der Ladenvorderseite stecken. Die Stopper, die ein zu weites Hineinschieben der Lade verhindern sollen, sind gebrochen oder fehlen ganz, und zwei der Führungsleisten sind aus ihrer Verankerung gebrochen. Das Oberflächenholz, weicher als bei den meisten anderen Möbelstücken, weist Dellen und Schnitte auf, es ist ausgeblichen und schimmert in fahlem Purpurrot. Wie stets muß auch in diesem Fall der Restaurator zunächst einmal festlegen, in welcher Reihenfolge er die einzelnen Probleme anpacken möchte. Ist der Korpus stark beschädigt, sollten Sie sich erst einmal ihm zuwenden. Als nächstes wäre dann die Reparatur der Laden ins Auge zu fassen und anschließend das Aufpolieren der Oberfläche. Wenn Sie sich diese Arbeit für zuletzt aufheben, können Sie bis dahin immer noch neue Teile einsetzen.

Nach einem halbherzigen Versuch bietet diese Kommode einen eher traurigen Anblick (oben). Durch eine grundlegende Restaurierung und vorsichtiges Abbeizen der alten Politur hat sich ihr Aussehen gewaltig zu ihrem Vorteil verändert.

Die Reparatur der Rückwand

Bei alten Möbeln sind die Rückwandbretter oft beschädigt oder fehlen ganz, da man für nicht sichtbare Teile wie etwa die Rückwand und die Bretter zwischen den einzelnen Laden Holz von minderer Qualität verwendete. Hinterwände bestehen zumeist aus zwei oder mehr Brettern, die mit Nägeln an den Verstärkungsstreben befestigt waren. Diese zur Versteifung dünner, breiter Täfelungen dienenden Streben finden wir auch bei Türen und am Boden großer Laden. Oft haben sie beidseitig eine Nut oder eine Ausfälzung. Die Paneele verjüngen sich an dieser Stelle, so daß sie in die Nut passen, bei billigeren Ausführungen sind sie an der Unterkante der Ausfälzung fixiert.

Die Paneele der Rückwand und die Streben unserer Truhe bestehen aus Fichtenholz. Bei hochwertigeren britischen Erzeugnissen ist die Rückwand oft aus Eiche oder, wenn sie Anfang des

Das dünne Holz der Rückwände wird häufig beschädigt. Haben Sie keine alten Stücke zur Hand, verwenden Sie Zwischenbretter, die oft aus ähnlichem Holz hergestellt wurden.

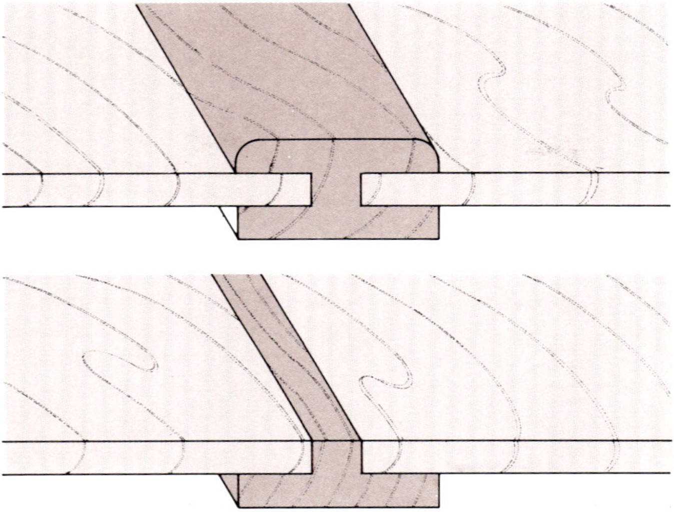

Es gibt verschiedene Arten von Streben, zu den häufigsten zählen solche mit Nut, gewöhnlich bei den Böden großer Laden, und abgefälzte, eher bei Rückwänden von Schränken.

20. Jahrhunderts hergestellt wurden, aus weichem, grünlichen Pappelholz. Das Austauschen der hinteren Füllungen wird schwierig sein, außer Sie haben alte Stücke an der Hand, die Sie aus dem »Ersatzteillager« holen können. Das Hauptproblem besteht darin, breite, dünne Bretter, egal welcher Qualität, aufzutreiben. Zwei Möglichkeiten stehen Ihnen offen: Entweder Sie ersetzen die fehlende Rückwand durch Sperrholzplatten, die Sie in gleicher Breite wie die alten Bretter zuschneiden und dann an den senkrechten Streben festnageln.

Oder Sie sehen nach, ob in der Kommode noch Zwischenbretter vorhanden sind. Diese waren einer geringeren Belastung ausgesetzt als die übrigen Teile und haben daher oft die Jahre unbeschadet überstanden. Außerdem sind die Zwischenbretter oft aus demselben, zumindest aber sehr ähnlichen Holz wie die Rückwandpaneele zugeschnitten. Nehmen Sie sie heraus und schneiden Sie sie auf die Größe der Füllungen zu. Befestigen Sie an ihrer Stelle entsprechend zugeschnittene Sperrholzplatten, die Sie in die Nuten in der Kommode einpassen. Allerdings sollten Sie diese Methode nur dann anwenden, wenn Sie sicher sind, daß es sich bei Ihrem Möbelstück nicht um ein antikes (und daher wertvolles) Stück im klassischen Sinn handelt. Exquisite Stücke sollten stets mit Originalmaterial restauriert werden, will man nicht eine beträchtliche Wertminderung in Kauf nehmen.

Die Reparatur von Schubladen

Solange alle Teile intakt sind, gestaltet sich die Reparatur von Laden zumeist recht einfach. Grundlegende Hinweise, wie bei der Reparatur von Laden vorzugehen ist, finden sich auf den Seiten 34/35. Bei Möbelstücken, die vor dem 20. Jahrhundert hergestellt wurden, sind die Ladenböden zumeist aus Holz und nicht aus Sperrholz. Da Holz bei Feuchtigkeitseinwirkung »arbeitet«, haben sich die Ladenteile je nach Jahreszeit zusammengezogen oder ausgedehnt. Zentralheizungen und Klimaanlagen haben diese Schwankungen zwar etwas vermindert, andererseits aber ein neues Problem geschaffen. Moderne Wohnstätten sind extrem trocken, und da unsere Antiquitäten für eine natürlichere Umgebung gebaut wurden, kommt es durch das Schwinden des Holzes zu Schäden. Es gibt sogar Fälle, wo wertvolle Stücke in den modernen, überheizten Räumen so stark gelitten haben, daß eine Reparatur unmöglich geworden ist.

Schubladenböden

Ladenböden neigen dazu, in der Breite zu schwinden, d. h. im rechten Winkel zur Faser. Entlang der Maserungslinien zieht sich Holz nur minimal zusammen. Sie sind niemals verleimt, sondern in den an der Vorderseite und an den Seitenwänden befindlichen Nuten eingeschoben. Mit der Zeit schlüpfen sie dann aus der Nut in der Vorderwand heraus, was bedeutet, daß der Ladenboden dort nicht mehr aufliegt und durch die Benützung Schäden entstehen. Bei der Reparatur entfernen Sie die Nägel oder Schrauben, mit denen der Boden an der Rückwand der Lade befestigt ist und schieben den Ladenboden wieder fest in den Schlitz – meist ist hinten noch genügend Holz vorhanden –, dann befestigen Sie den Boden wieder wie gehabt.

Das Schwinden des Holzes führt oft dazu, daß der Ladenboden aus der Nut an der Vorderseite der Lade herausschlüpft.

Die Reparatur der Führungsleisten

Im Lauf der Zeit bilden sich durch das ständige Öffnen und Schließen der Laden in den hölzernen Führungsleisten tiefe Rillen. Dies führt oft dazu, daß die Vorderseite mit dem übrigen Korpus nicht mehr bündig verläuft. Auch die Seitenteile der Laden nützen sich an Flächen, wo es zu Reibung kommt, leicht ab. Am besten, Sie hobeln die betreffenden Teile ab und legen dann einen Holzkeil unter, damit wieder die richtige Höhe hergestellt ist. Während dieser Arbeit müssen Sie ständig darauf achten, daß die Oberfläche plan bleibt. Kontrollieren Sie diese Ebenheit am besten mit einem Stahllineal.

Die Reparatur von Führungsleisten für Laden

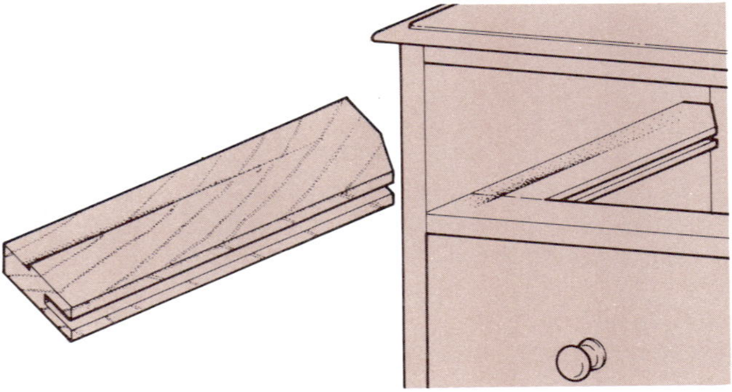

1 *Durch ständige Reibung sind die Oberflächen der Führungsleisten oft uneben und schwächer geworden.*

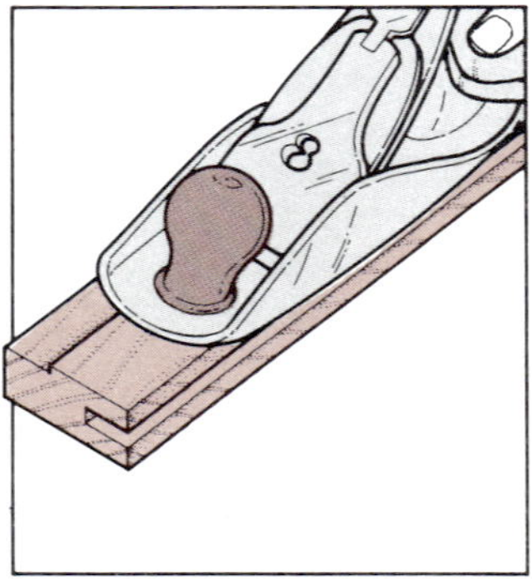

2 *Hobeln Sie die Leisten ab, bis die Oberfläche plan ist.*

3 *Mit dünnem Holzbrett ursprüngliche Höhe herstellen.*

Reparaturen am Korpus

Wenn die Laden sich wieder anstandslos öffnen und schließen lassen und alle Konstruktionsmängel behoben wurden, kann mit der Reparatur kleinerer Schäden am Korpus begonnen werden. Bei den meisten alten Kommoden sind die kleinen hölzernen Ladenstopper verlorengegangen, die auf die vorderen Querhölzer geleimt und genagelt sind und verhindern sollen, daß die Lade zu weit nach hinten geschoben wird. Die Stopper können durch etwa 4–6 mm starke Holzstückchen ersetzt werden, die Sie, wie unten gezeigt, zurechtschneiden. Achten Sie aber darauf, daß Sie die Stopper an die richtige Stelle setzen, so daß Korpus und Ladenvorderseite bündig sind.

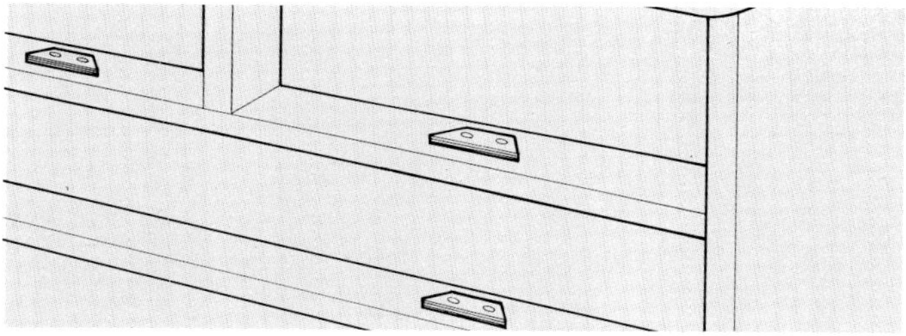

Achten Sie beim Anbringen neuer Ladenstopper darauf, daß der Abstand zwischen der Vorderseite der Kommode und dem Stopper genau der Breite der Ladenvorderseite entspricht.

Die Ausbesserung von Zierleisten

Zierleisten finden sich bei Kommoden gewöhnlich rund um die Deckplatte, am Sockel oder an den Ladenfronten. Für Deckplatten und Sockel unterscheiden wir zwei Möglichkeiten: die direkt aus dem Holz herausgeschnitzten, wie man sie für große, solide Stücke verwendete, und aufgeleimte, die separat hergestellt und anschließend aufgeleimt wurden. Zierleisten an den Ladenvorderseiten sind zumeist aufgeleimt. Bei beiden Arten besteht großer Formenreichtum, wobei gewisse Arten von Zierleisten ganz typisch für ihre Zeit sind. Achten Sie vor allem darauf, ob die Zierleisten vielleicht aus Hirnholz bestehen. Nußbaumhirnholz etwa wurde vor allem für hochwertige Möbelstücke des späten 17. Jahrhunderts verwendet. Ein Stück, das mit derartigen Zierleisten geschmückt ist, kann sich unter Umständen als besonders wertvoll entpuppen und sollte dementsprechend sorgfältig behandelt werden. Das Hauptproblem bei Hirnholzleisten besteht darin, daß sich leicht Risse bilden oder daß sie sich lockern. In diesem Fall müssen Sie Keile aus passendem Holz in die Sprünge einpassen und die Leisten vorsichtig anleimen. Gewöhnliche Zierleisten repariert man am besten, indem man das stark beschädigte Teilstück entfernt und durch neues Holz ersetzt. Leimen Sie den Einsatz ein, befestigen Sie eine Zwinge und hobeln Sie es, nachdem der Leim getrocknet ist, mit einem kleinen Hobel roh zurecht. Die eigentliche Formgebung und Glättung nehmen Sie dann mit Schnitzwerkzeug oder einem Profilschaber (siehe Seite 9) vor. Fehlen Zierleisten zur Gänze oder sind sie zu stark beschädigt, ersetzt man sie am besten durch vorgefertigte Leisten vom Tischler oder Rahmenhändler. Vielleicht aber sind Sie ein Glückspilz und stoßen durch Zufall auf einen der altmodischen, hölzernen Profilhobel. In diesem Fall wird es Ihnen gar nicht so schwer fallen, bei Ihrem Werkstück wieder den Originalzustand herzustellen.

Die Form einfacher Zierleisten (oben) läßt sich mit verschiedenen Hobeln und Schleifpapier wiederherstellen. Kompliziertere Zierleisten (unten) fertigen Sie mit dem Profilschaber an.

Altes und Neues verbinden

Sobald die Reparaturen im konstruktiven Bereich abgeschlossen sind und alles tadellos funktioniert, können Sie sich der Oberfläche zuwenden. Doch vergessen Sie nie: Bei alten Möbelstücken hat sich während der vielen Jahre durch die Alterung eine unvergleichliche Patina herausgebildet, die bei allzu drastischem Vorgehen wie vollständigem Abbeizen oder Auffüllen der Risse und Sprünge mit Holzkitt verlorengehen würde. Haben Sie Geduld und überlassen Sie es der Zeit, dem Licht und einer regelmäßig aufgetragenen Politur, Ihr Werk zu vollenden.

Handelsübliche Methoden

Entgegen der landläufigen Meinung verwendet man zum Polieren und Firnissen von Holz nicht nur Holzfarben und Polituren. Die meisten Handwerker greifen auf verschiedenste Mischungen zurück, um Einzelteile aufeinander abzustimmen. Eine Liste wichtiger Überzugsmittel für den Restaurator finden Sie auf den Seiten 10/ 11. Viele sind nur schwer erhältlich. Sie werden in Fachzeitschriften stöbern müssen, um eine Bezugsquelle ausfindig zu machen.

Farbenmix

Holzfarben basieren auf Kombinationen der Farben Rot und Schwarz, wobei Zusätze von Gelb und manchmal Grün möglich sind. Mit diesen Grundfarbenmischungen und eventueller Hinzufügung von Pigment können Sie jede beliebige Farbnuance verwirklichen – nicht im Handumdrehen, ein bißchen Geduld werden Sie benötigen. Arbeiten Sie am besten bei Tageslicht, und stellen Sie zunächst eine Mischung her, die heller ist als die benötigte. Diese machen Sie allmählich dunkler, bis Sie den richtigen Farbton haben. Beize auf Stoffarbenbasis eignet sich sehr gut als Grundierung. Über diese tragen Sie alkohollösliche Farbe auf, die Sie nach dem Trocknen mit Pigment oder Wasserfarben, wie Künstler sie verwenden, übermalen, bis Sie die gewünschte Nuance haben. Der Vorteil dieses etappenweisen Vorgehens liegt darin, daß Sie notfalls die zuletzt aufgetragene Schicht jederzeit entfernen können, ohne die vorhergehende zu beschädigen. Verwenden Sie für jede Schicht, die Sie abnehmen müssen, das entsprechende Lösungsmittel. Zuletzt können Sie mit Wasserfarbe und einem feinen Pinsel Maserungslinien einzeichnen. Danach versiegeln Sie die Oberfläche mit Möbelpolitur, die Sie mit Spiritus im Verhältnis 1:1 verdünnen. Nehmen Sie dazu einen weichen Wattebausch, und tragen Sie die Lösung so schnell wie möglich auf.

Ausbesserungsarbeiten an der Oberfläche

1 *Holzeinsatz einleimen und hobeln bzw. schleifen.*

2 *Einsatz in passender Farbe beizen und versiegeln.*

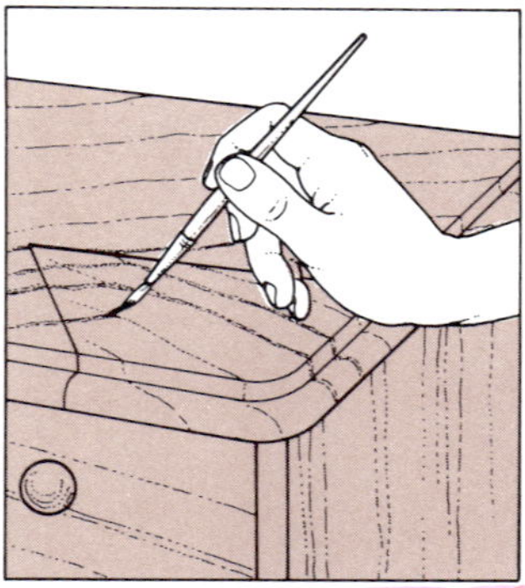

3 *Zeichnen Sie mit Wasserfarben Maserungslinien ein.*

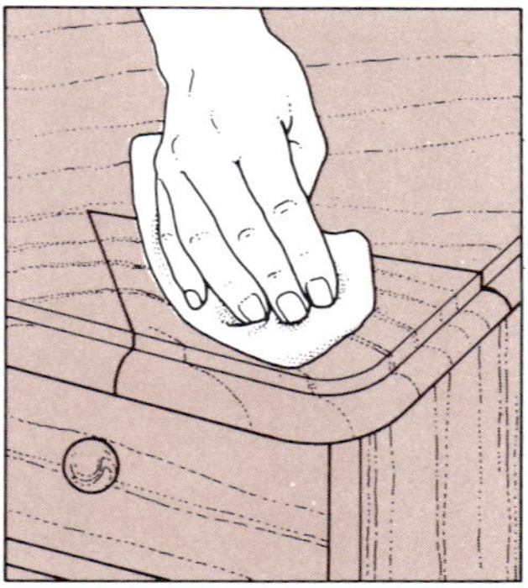

4 *Versiegeln Sie die Oberfläche mit Schellackpolitur.*

Jahrelanger Gebrauch ist an der Oberfläche nicht spurlos vorbeigegangen, doch hat die Patina durchaus ihren Reiz.

Projekt 5: *Ein Regency-Sofatisch*

Der klassische britische Stil

Das Zeitalter der britischen Regency wird als letzte klar abgrenzbare Epoche klassischer Handwerkskunst angesehen, und die zierlich-eleganten Möbel nach den Vorlagen von Thomas Sheraton haben unzählige Nachahmer inspiriert. Regency-Möbel waren für gewöhnlich furniert, sehr oft mit exotischen Hölzern wie Rosen- und Palmenholz, und auch Ledereinsätze mit goldgeprägter Umrandung für Schreibtisch- und Tischplatten waren in Mode. Ansonsten waren bei diesen Möbeln Verzierungen eher selten, abgesehen von Bandintarsien aus Holz oder Messing sowie Umrandungen aus kontrastierendem Holz. Bestimmend blieb die klare, elegante Linienführung, nur unterbrochen von den gedrechselten Tisch- und Stuhlbeinen, die den besonderen Reiz dieser Möbelstücke ausmachten.

Schadensermittlung

Viele dieser Möbel zeichnen sich zwar durch besondere handwerkliche Qualität aus, sind aber wegen der feinen furnierten Oberfläche sowie der Säbelbeine von Natur aus nicht sehr stabil und robust. Das Stuhl- und Tischbein, ein typisches Merkmal der Regency-Periode, hat eine konstruktiv bedingte Schwachstelle: Die geschwungene Form läßt sich nur mit kurzfasrigem Holz verwirklichen, doch brechen dadurch die Beine leichter ab. Aber selbst nach 1810, als sich das Design der Tische änderte und die Beine rund um eine Mittelstütze angeordnet wurden, hielt man an der Säbelbeinform mit ihren Schwächen fest. Bei den Tischuntergestellen kommt noch dazu, daß sich die Beine schnell nach außen zu biegen beginnen und die Verbindung mit der Mittelstütze bricht. Eine Reparatur ist zwar ziemlich kompliziert, kann aber, schrittweise und sorgfältig durchgeführt, von Erfolg gekrönt sein.

Furnierteile können verlorengehen oder durch trockene Luft Schaden leiden, weil Furnier und Massivholz verschieden stark schwinden und sich dann voneinander lösen. Bei Tischen mit klappbaren Seitenteilen besteht das Problem oft darin, daß durch das Schrumpfen der Tischplatte die Seitenteile nicht mehr heruntergeklappt werden können und die Scharniere ausreißen. Nehmen Sie den Schaden unter die Lupe, und überlegen Sie, was Sie machen wollen. Bei furnierten Möbelstücken beginnen Sie mit der Reparatur der Einzelteile und heben sich die Oberflächenbehandlung für den Schluß auf.

Dieser Regency-Sofatisch (oben) weist die klassische Doppelsäule und Säbelbeine auf. Der Tisch aus dem 19. Jahrhundert (unten) ist ein Mittelding zwischen Sofa- und Eßtisch.

Die Anfertigung eines neuen Tischbeins

Sind bei Ihrem Tisch nur die Verbindungsstellen locker geworden, halten Sie sich an die Ratschläge auf den Seiten 20/21. Sind Tischbeine, weil bei ihrer Herstellung kurzfasriges Holz verwendet wurde, ausgebrochen, müssen Sie neue anfertigen. Dies kann sich als recht schwierig erweisen, da Sie sich an die vorgegebene Form (meist verjüngt sich das Bein nach zwei Seiten hin) halten und das neue Bein außerdem etwas dünner machen müssen, damit das neue Furnier nicht darüber hinausragt. Zeichnen Sie die Wölbung eines intakten Beins auf eine Sperrholzplatte und schneiden Sie eine Schablone aus. Mit ihrer Hilfe stellen Sie aus einem gesunden Stück Mahagoni- oder Buchenholz ein Ersatzbein her.

Die Befestigung eines neuen Beines

Eine andere mögliche Reparatur an der Tischkonstruktion ist das Befestigen eines neuen Beins mit Hilfe einer sich verjüngenden Schwalbenschwanzverbindung. Diese Art der Verbindung findet sich bis ins frühe 20. Jahrhundert an Tischsäulen. Sie hat den Nachteil, daß man, sobald der Tisch zusammengebaut und verleimt ist, ein Bein nur mehr gewaltsam aus seiner Verankerung entfernen kann; dabei komm es dann entweder zu einer Beschädigung des Tischgestells oder des Zapfens am Tischbein. Letzteres wird zumeist lieber in Kauf genommen, da sich die Reparaturstelle leichter vertuschen läßt.

Beschädigte Stützen können wie folgt repariert werden: Bringen Sie an beiden Bauteilen einen glatten Schnitt an. Dann schneiden

Das klassische Säbelbein: Zu Problemen kommt es, weil für die geschweifte Form auch kurzfasriges Holz verwendet werden muß.

Eine neue Brettfeder zuschneiden

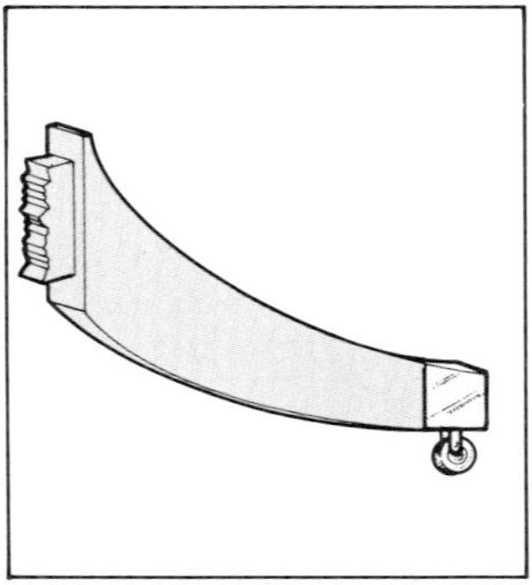

1 *Bein in Schraubstock einspannen, gut abpolstern.*

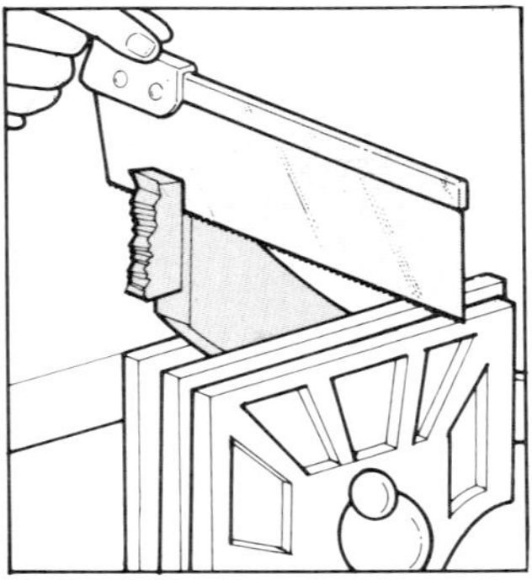

2 *Beschädigte Brettfeder mit Zinkensäge absägen.*

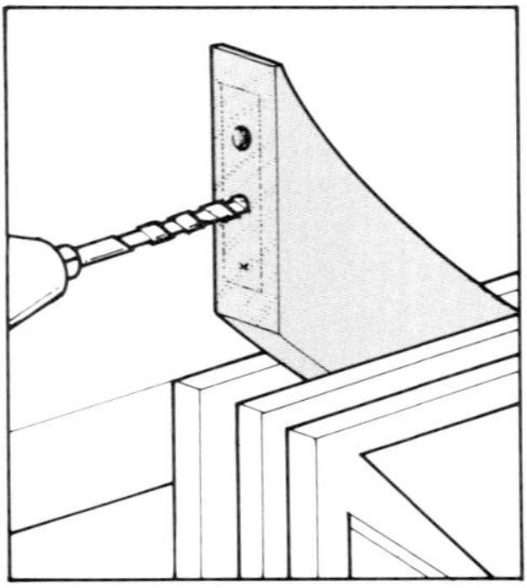

3 *Bohren Sie Dübellöcher in das Bein.*

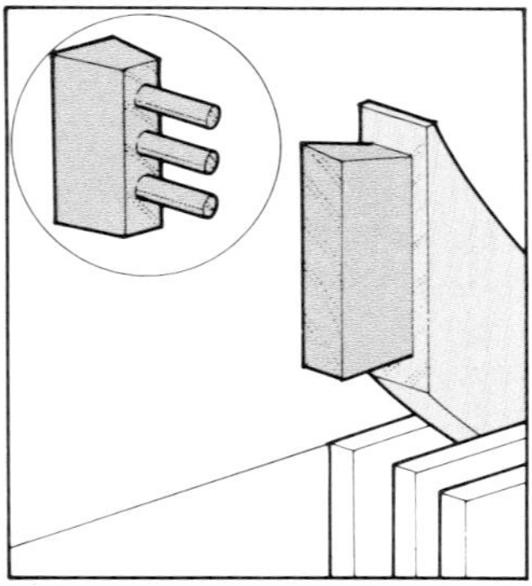

4 *Neue Brettfeder einleimen und Bein am Tisch befestigen.*

Sie neue Wangen zurecht und leimen diese ein, wobei Sie besonders auf die Stärke achten müssen. Ist der Leim trocken, schnitzen bzw. schleifen Sie die neuen Wangen zurecht, bis sie genau mit der Stütze übereinstimmen. Reinigen Sie das Bein, tragen Sie Leim auf, und klopfen Sie es mit einem Holzhammer in die ursprüngliche Verankerung hinein. Ist an einem Bein die Feder ausgebrochen, schneiden Sie diese bündig ab und fertigen eine neue an. Probieren Sie, ob diese in die Öffnung paßt. Ist dies der Fall, d. h. sitzt die Feder weder zu locker noch zu fest, so befestigen Sie sie mit Dübeln am Bein (siehe Seite 12/13). Sobald der Leim getrocknet ist, tragen Sie auch auf den Verbindungsstellen Leim auf und bauen die Stütze zusammen.

Die Ausbesserung des Furniers

Unter Furnieren versteht man das Aufbringen dünner Schichten eines Dekormaterials auf Oberflächen. Im Fall des Kunsttischlers handelt es sich dabei um Holz. Diese im Möbelbau gerne und erfolgreich angewandte Methode hat aber auch ihren Pferdefuß. Viele der zum Furnieren alter Möbel verwendeten Holzarten waren zu weich und zu selten, als daß man sie auch für die eigentliche Konstruktion verwendet hätte; man stellte diese Möbel daher aus einem gesunden, aber doch eher gewöhnlichen Holz her und verschönte sie dann mit effektvollen, aber unter Umständen heiklen Materialien. Im Lauf der Jahre verlor dann der zur Verbindung der beiden Schichten verwendete Leim seine Wirkung, die Oberflächenschicht lockerte sich, und es bildeten sich Blasen und Löcher, oder das Furnier schälte sich großflächig ab.

Die Ausbesserung von Blasen

Blasen, also kleine Furnierteile, die sich vom Holz abgehoben haben, können für gewöhnlich mit ein wenig Wärme und Druck eingeebnet werden. Nehmen Sie eine Stahlziehklinge und legen Sie sie in kochendes Wasser. Sobald sie heiß genug ist, befestigen Sie sie mit einer Zwinge auf der Blase. Legen Sie am besten ein oder zwei Blatt dickes Löschpapier zwischen Metall und Holz sowie einige Blätter auf das Metall, damit die Wärme nicht zu schnell entweicht. Hier kommt es wieder darauf an, schnell zu arbeiten, damit der heiße Stahl den Leim unter der Blase zum Schmelzen bringt. Diese Methode hat den Vorteil, daß dabei die Politur an der Oberfläche kaum beschädigt wird. Bleiben dennoch Spuren zurück, können diese mit allerfeinster Stahlwolle (0000) ausgebessert werden.

Dieser Sekretär wurde größtenteils neu furniert. Das aufgeleimte Furnier enthielt viel Feuchtigkeit, so daß es schnell schwindet.

Die Ausbesserung von Furnierteilen

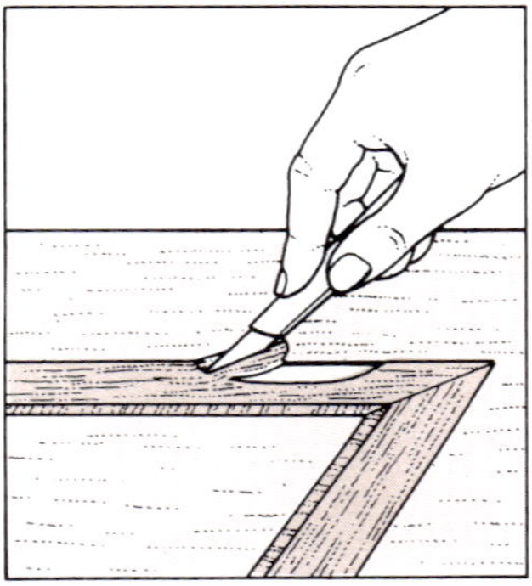

1 *Schneiden Sie das beschädigte Furnierteil heraus.*

2 *Skizze des fehlenden Furnierteils anfertigen.*

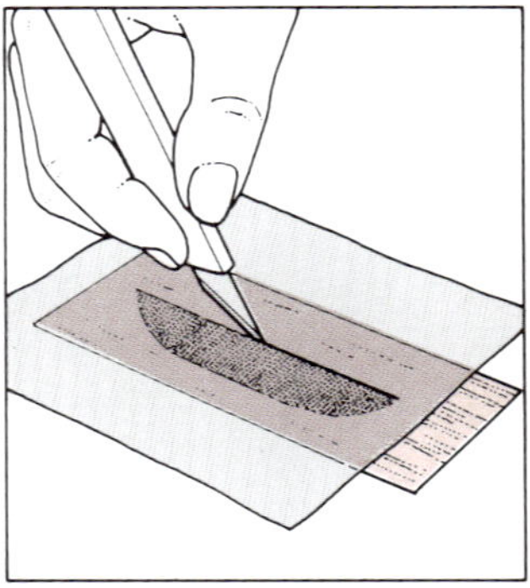

3 *Skizze auflegen und gemeinsam ausschneiden.*

4 *Oberflächen mit Leim bestreichen und andrücken.*

Fehlende Furnierteile

Fehlende Furnierteile können relativ einfach ersetzt werden; am schwierigsten gestaltet sich die Suche nach passendem Material. Alte Furniere waren dick, und es ist heute nahezu unmöglich, solche mit einer Säge geschnittenen Furniere zu bekommen. Blättern Sie in Fachzeitschriften, dort finden Sie Inserate von Furnierspezialisten. Wahrscheinlich werden Sie keine große Auswahl haben, sondern nehmen müssen, was man Ihnen bietet. Manchmal sind zwei oder mehr Schichten neuer dünner Furniere nötig, um alte Furniere zu ersetzen. Achten Sie beim Zuschneiden der neuen Furniere darauf, daß die Maserung mit jener des Möbelstücks soweit wie möglich übereinstimmt. Befestigen Sie das Furnier wie oben beschrieben.

Das Furnieren größerer Flächen

Hat sich das Furnier großflächig vom Untergrund gelöst, bleibt Ihnen nichts anderes übrig, als sie abzuziehen und neu anzuleimen. Polierte Oberflächen werden bei dieser Prozedur allerdings unter Umständen leiden, so daß man nachher neu wird polieren müssen.

Die Entfernung der alten Furniere

Beim Entfernen alter Furniere machen Sie sich zunutze, daß Tierleim leicht löslich ist. Nehmen Sie ein Bügeleisen, feuchte Tücher, ein Messer mit dünner Klinge und eine Abziehklinge. Diese Werkzeuge werden Ihnen den Hauptteil der Arbeit abnehmen. Entfernen Sie die Politur, sie würde das Eindringen der Feuchtigkeit in die Oberfläche verhindern. Schellackpolitur kann mit Spiritus entfernt werden, aber die meisten der bei amerikanischen Möbelstücken verwendeten Polituren müssen Sie abbeizen (siehe Seiten 28/29). Sobald Sie die Politur aufgelöst haben, heizen Sie das Bügeleisen auf die Stufe »Baumwolle« auf, befeuchten das Furnier, legen ein feuchtes Tuch zwischen Eisen und Furnier und bügeln mit leichtem Druck darüber. Beginnen Sie an einer Kante des Möbelstücks und heben Sie nach kurzem Bügeln mit der Messerklinge vorsichtig ein Stückchen Furnier vom Untergrund ab. Bei entsprechend großer Dampfentwicklung wird sich das Furnier leicht von der Unterlage abheben lassen. Sobald Sie ein größeres Stück Furnier abgelöst haben, nehmen Sie den Spachtel zu Hilfe. Arbeiten Sie flott und zügig, und schmelzen Sie dabei den alten Leim immer wieder mit dem Bügeleisen. Sie werden rasch den Trick kennen, so daß Sie bald große Flächen auf diese Weise ablösen können.

Das Aufleimen neuer Furniere

Ob es sich um neue oder alte Furniere handelt, die Methode ist immer die gleiche. Reinigen Sie das alte Furnier sorgfältig mit warmem Wasser, und behandeln Sie den Untergrund genauso. Neue Furnierblätter müssen nicht gewaschen werden, Sie müssen nur darauf achten, daß die neuen wie die alten Furniere vor dem Verlegen völlig geglättet sind. Am besten legen Sie das Furnier zwischen zwei Blatt weißes Papier, und pressen Sie sie 48 Stunden lang wie Blumen. Bringen Sie an der Außenseite der Bretter Zwingen an, um den Druck zu erhöhen. Beginnen Sie mit dem Verlegen des Furniers in der Mitte, und erhitzen Sie das angefeuchtete Furnier mit dem Bügeleisen, so daß der Leim schmilzt. Überschüssigen Leim entfernen Sie mit einem Furnierhammer. Achten Sie darauf, das Furnierblatt nicht zu überhitzen, da der Leim sonst verbrennt und an Wirkung einbüßt.

Die Neuverleimung von Furnieren

1 *Befeuchten Sie sowohl alte wie auch neue Furniere.*

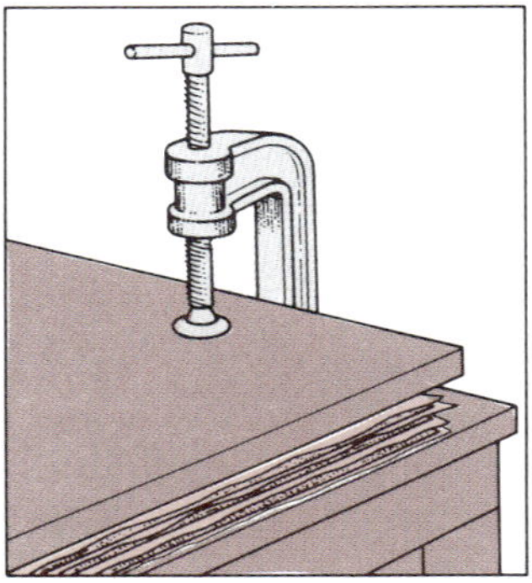

2 *Pressen Sie sie 48 Stunden lang zwischen zwei Brettern.*

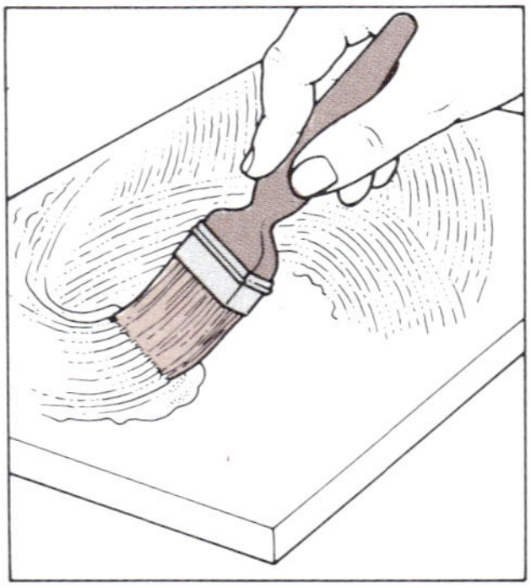

3 *Dünne Schicht Leim auf dem Untergrund auftragen.*

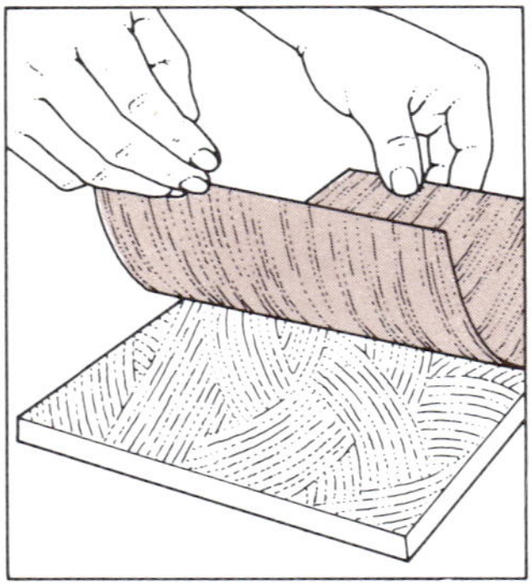

4 *Beim Auflegen besonders sorgfältig vorgehen.*

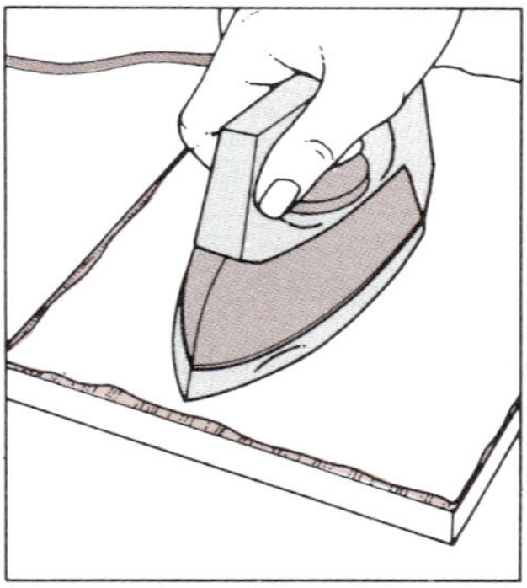

5 *Das Furnier bügeln, damit der Leim wieder schmilzt.*

6 *Überschüssigen Leim mit Furnierhammer herauspressen.*

Projekt 6: *Ein Säbelbein-Stuhl*

Ägypten und Trafalgar

Dem Kunstkenner und -sammler Thomas Hope, der Kunst und Architektur nachhaltig beeinflußte, wird die Einführung von seitlich flachen Stühlen, die nach alten ägyptischen Zeichnungen hergestellt wurden, zugeschrieben. Das Interesse an klassischer Kunst war so groß, daß dieser Stuhl schnell populär wurde und viele Variationen des ursprünglichen Entwurfs auftauchten. Bei der links abgebildeten Ausführung handelt es sich um einen viktorianischen Stuhl, der trotz seines einfachen Aussehens komplizierte Verbindungen der einzelnen Bauelemente aufweist. Messingbandintarsien und Einlegearbeiten sind bei Stühlen dieser Art, ursprünglich zur Feier von Nelsons Sieg bei Trafalgar geschaffen, häufig.

Das Konstruktionsschema dieser Stühle unterschied sich drastisch von allem bisher Dagewesenen und spiegelt die Begeisterung für kühne und klare Linienführung, wie sie für die Regency-Periode typisch ist, wider. Die scheinbar einfache Konstruktion hat aber auch ihre Tücken. Für die geschweiften Säbelbeine mußten zumindest einige Teile aus quergemasertem anstatt längsgemasertem Holz gefertigt werden. Unter Druck brechen diese Teile leicht. Auch das Kordelmotiv ist nicht unbedingt robust, und die geflochtenen Sitzflächen dieses Stuhls nützen sich relativ rasch ab – meist brechen sie oder fransen aus. Anleitungen zum Anfertigen des Rohrgeflechts für Sitzflächen würden den Rahmen dieses Buches sprengen; übrigens überlassen auch viele professionelle Restauratoren diese Arbeit lieber Spezialisten. Wir werden uns daher auf die häufigsten Schäden, die durch Bruchstellen entstehen, beschränken und nur erläutern, wie ein neues geschweiftes Schulterbrett zu schnitzen ist.

Vor jeder größeren Reparaturarbeit versuchen Sie zunächst festzustellen, aus welchem Holz der Stuhl gefertigt wurde. Für diese Stühle wurde zumeist Nußholz, Mahagoni oder Rosenholz verwendet oder die billigere Ausführung in Buche. Seltenere amerikanische Varianten waren meist aus Kirsche oder Ahorn. Es ist oft schwierig, die Holzart zu erkennen, in der Regel aber ist Mahagoni aus jener Zeit von dunklem Rotbraun mit winzigen weißen Flecken an den Schnittflächen. Nußbaumholz hat ein helles Goldbraun und ist oft stark gezeichnet; Rosenholz ist schwer, dicht und von einem üppigen Braun mit einem Stich in Rosarot. Kirschholz ist schwach gezeichnet und von warmem Mittelbraun. Buche und Ahorn sind hellere und saftigere Holzarten. Besteht Ihr Stuhl aus Ahornholz, so ist er wahrscheinlich amerikanischer Herkunft.

Dieser viktorianische Stuhl mit bündiger Seitenansicht hat plumpe Vorderbeine, durch die schwache Rückenlehne wurde der Rahmen der Sitzfläche beschädigt.

Die Reparatur der Vorderbeine

Klassische, bündig zusammengebaute Stühle weisen einige durch ihre Konstruktion bedingte Schwachstellen auf. Spätere Ausführungen dieser Stuhlart haben gedrechselte Vorderbeine, siehe Abbildung. Diese sind für gewöhnlich robuster als Säbelbeine, da sie aus längsgemasertem Holz gefertigt wurden. Bruchstellen bei gedrechselten Beinen treten für gewöhnlich nur knapp unterhalb der Verbindungsstelle auf (die Verbindungsstelle am oberen Beinende bricht selten).

Die Reparatur gedrechselter Beine

Stuhlbeine müssen möglichst verdübelt werden, um ihnen Festigkeit zu verleihen. Das Schwierigste ist die Anordnung der Bohrlöcher für die Dübel. Am besten tief in den abgebrochenen Teil hineinbohren und dann das Bein nahe der Bruchstelle an einer passenden Stelle glatt absägen. Leimen Sie die abgesägte Schnittstelle wieder an den Stuhl. Sobald der Leim getrocknet ist, bohren Sie die Löcher in den Sesselrahmen. Ist ein Dübel verleimt, wird er alle drei Bestandteile bestens verstärken und ausrichten.

Knieverbindungen

Frühe Stühle mit vier Säbelbeinen sind zwischen Bein und Sitzflächenrahmen nicht robust verbunden. Knieverbindungen sind eine komplizierte Angelegenheit. Eine ordentliche Reparatur ist oft nur dann möglich, wenn man die Teile wieder zusammenleimt, allerdings ist die Schwachstelle weiterhin vorhanden. Ist der Schaden allzu groß, muß man ein neues oberes Beinteil und Knie anfertigen.

Bei den meisten Knieverbindungen handelt es sich um Abwandlungen der Zapfenverbindung. Gewöhnlich ist der Zapfen intakt, Sie sollten aber den Leim entfernen und den beschädigten Teil des Beins als Muster für ein neues Ersatzstück nehmen. Setzen Sie dieses Stück in das alte Bein ein, wie auf den Seiten 64/65 beschrieben. Sobald Sie den alten und den neuen Teil verbunden haben, schneiden Sie die Zapfenschlitze ab; nehmen Sie Maße und Winkel der Teile, die Sie zusammenbauen wollen, von dem alten Stück ab. Arbeiten Sie mit Bedacht – diese Reparatur setzt handwerkliches Geschick voraus.

Tragen Sie mit einem Maßstab oder einem scharfen Messer dünn und sauber die Maße auf. Stemmen Sie mit einem starken, schmalen Stemmeisen die Zapfenschlitze aus. Beginnen Sie in der Mitte und arbeiten Sie zu den Seiten hin, wobei Sie das Loch abvieren – das Herausbohren der überschüssigen Holzspäne spart Zeit und Mühe. Verleimen Sie die Teile und legen Sie Zwingen an; achten Sie darauf, daß das Bein sich in gleicher Linie befindet wie sein Gegenstück.

Die Reparatur eines gedrechselten Beins

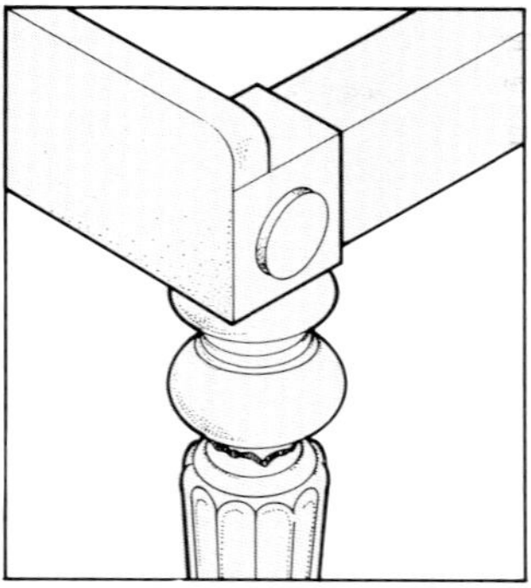

1 *Bruch knapp unterhalb der Verbindungsstelle.*

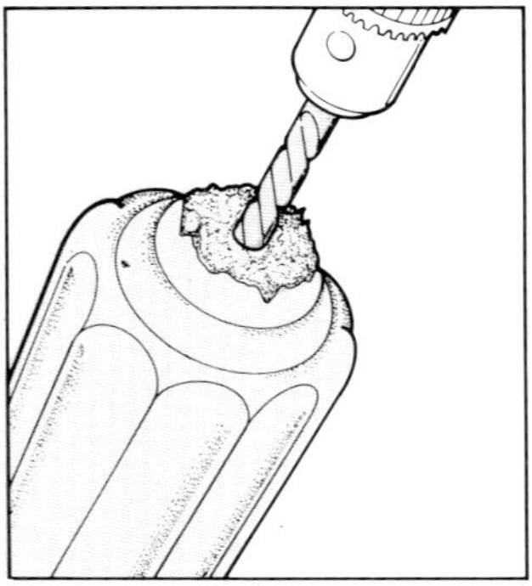

2 *In abgebrochenen Teil des Beins tiefes Loch bohren.*

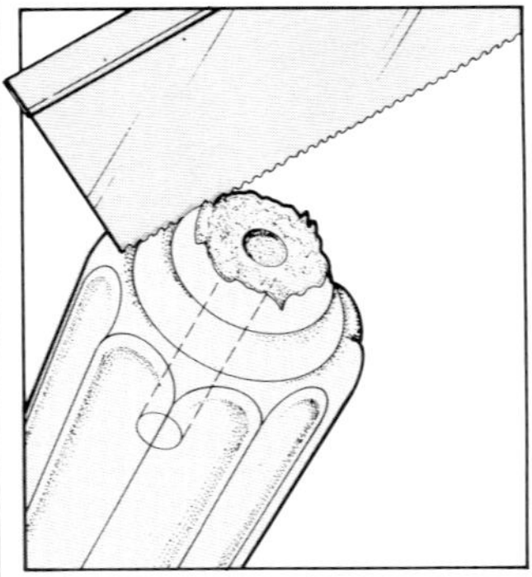

3 *Sägen Sie das Bein unterhalb der Bruchstelle ab.*

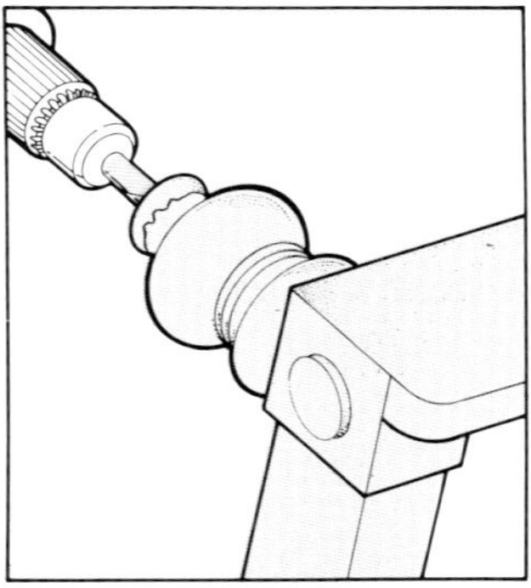

4 *Benutzen Sie das vorhandene Bohrloch als Führung.*

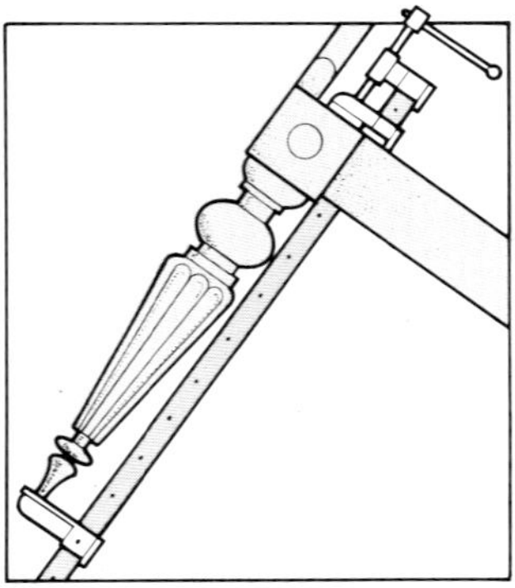

5 *Teile in Zwingen einspannen, während Leim trocknet.*

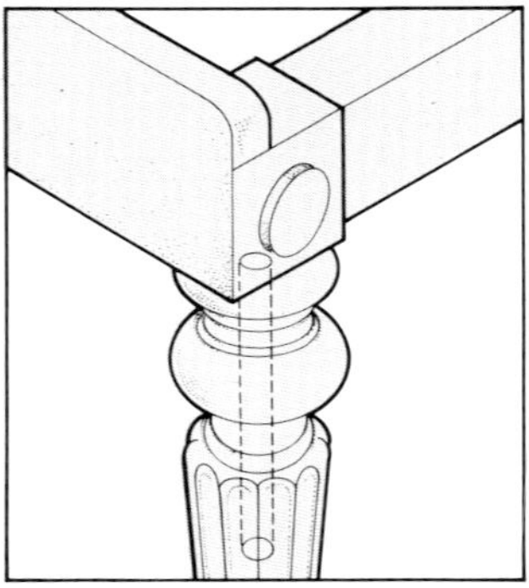

6 *Verdübeln Sie die drei Teile miteinander.*

Gebrochene Rückenlehnen

Die geschweifte Form dieser Stuhlart kann aber auch bei den einzelnen Teilen des hinteren Rahmens Probleme machen. Am häufigsten bilden sich Spalten in den Verleimungen, oder der untere Teil des Beins gibt nach. Dieser Schaden entsteht, wenn Stühle über Teppiche gezogen werden oder wenn jemand damit »schaukelt«. Dabei bildet sich meist eine lange Bruchstelle, die durch einfaches Verleimen repariert werden kann. Reinigen Sie jedenfalls zuerst einmal die Bruchstellen von Leimresten. Mit Gummischnüren können Sie die Teile in Ruhestellung halten, während der Leim trocknet.

Da eine schlecht ausgeführte Reparatur eines solchen Schadens sehr gefährlich für den Benützer des Stuhls wie auch für den Stuhl selbst werden kann, verstärken viele Restauratoren die Verbindungsstelle gern mit Dübeln und Stiften. Sehr empfehlenswert ist die Verwendung von schwachen Dübeln aus gespaltenem Rohr. Dünne Bambusstäbe, wie sie in Gärten Verwendung finden, sind billig und ergeben Hunderte sehr starker Dübel. Solche schräg eingesetzte Dübel verstärken die Verbindungsstelle perfekt. Durch den Druck nach unten werden die beiden Teile fester zusammengedrückt. Kompliziertere Bruchstellen am hinteren Rahmen können unter Umständen durch Einsetzen eines neuen Keils behoben werden. Führen Sie diese Reparatur nach dem auf Seite 62 angegebenen Schema durch.

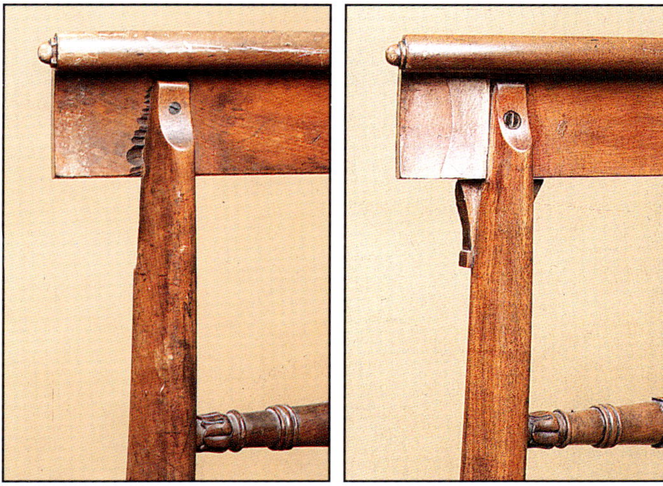

Eine lockere Fuge zwischen Querbrett der Lehne und senkrechter Sprosse hat zu einem Einreißen geführt. Ein glatter Keil wird aus dem beschädigten Teil herausgeschnitten, ein Einsatz eingeleimt und in die entsprechende Form gebracht.

Die Reparatur von Säbelbeinen

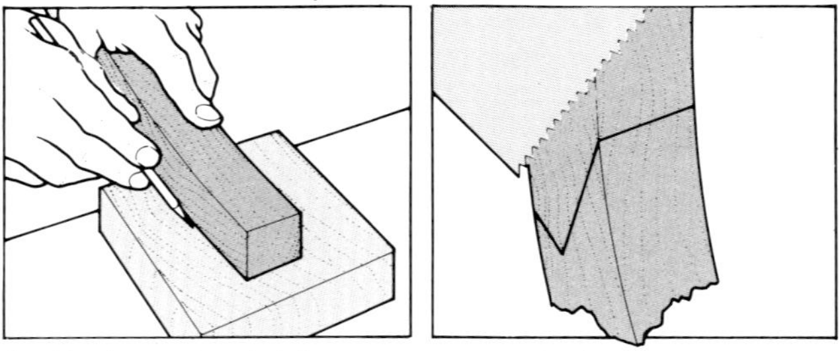

1 *Konturen eines intakten Beins auf Holz zeichnen.*

2 *Beschädigten Stumpen abschneiden.*

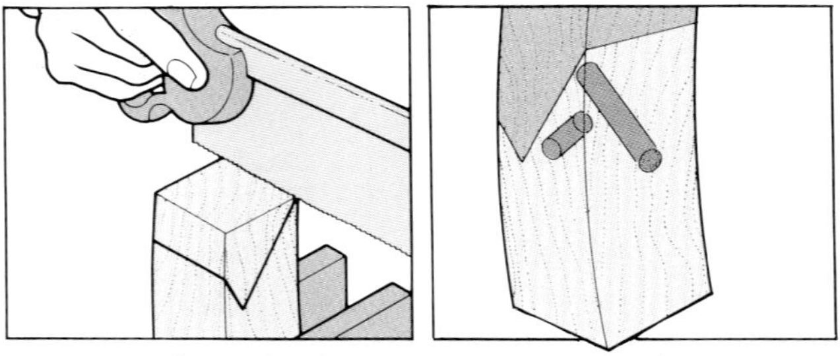

3 *Neues Teil am gebrochenen Bein befestigen.*

4 *Neues Teil verleimen, verdübeln und schleifen.*

Gebrochenes Schulterbrett

Die geschweiften Querbretter an der Rückenlehne von bündig zusammengebauten Stühlen fordern den Restaurator heraus. Oft sind sie so arg beschädigt, daß neue Teile hergestellt werden müssen. Erscheint eine Reparatur erfolgversprechend, dann gehen Sie nach der auf den Seiten 48/49 und 68/69 angegebenen Methode vor. Müssen Sie ein neues Teil anfertigen, spannen Sie ein großes viereckiges Stück Holz seitlich in die Drehbank und arbeiten bei geringer Geschwindigkeit die Stifte, die das Schulterbrett im Rahmen festhalten, und die kleinen Spulenornamente an beiden Enden heraus. Wie man drechselt, wird auf den Seiten 20/21 erklärt. Danach markieren Sie die Wölbung des Schulterbretts zwischen den gedrechselten Teilen und schneiden alles überflüssige Holz mit einer Bandsäge oder Bügelsäge ab. Anschließend raspeln und schnitzen Sie das geschweifte Teil roh zurecht. Schnitzereien müssen mit der Hand nachgearbeitet werden, wenn die Rohform fertig ist. Viele Handwerker machen diese Arbeit gern an der Drehbank, wo man mit einer Hand drehen und von allen Seiten gut an das Werkstück heran kann.

Projekt 7: *Eine Dutch-Pennsylvania-Anrichte*

Die Deutschen Amerikas

Die ersten deutschen Siedler erreichten Pennsylvania 1683, bald nach der Gründung der Kolonie. Es waren verhältnismäßig wohlhabende Leute aus dem Rheinland, die ihr Hab und Gut mitbrachten. Die später eintreffenden Einwanderer waren Leibeigene und schufen sich ihr Heim mit Hilfe von Land- und Werkzeugzuteilungen, die sie erhielten, so bald sie sich ihrer Verpflichtungen entledigt hatten. Für diese Menschen waren ihr Heim und ihre Farmen der Inhalt ihres Lebens, und viele von ihnen wurden mit der Zeit wohlhabend. Die Handwerker entwickelten einen ganz typischen Möbelstil, der auf deutschen Vorlagen basierte und sich durch reiche Bemalung und Marmorieren des Holzes und durch die Verwendung komplizierter, oft mit Laubsäge ausgeschnittener Schnörkel und Voluten auszeichnete. Diese Art von Möbeln bezeichnet man im allgemeinen als den holländischen (Dutch) Pennsylvania-Stil, wobei »Dutch« eine Verballhornung des Wortes Deutsch ist. Während diese Art Möbel aus dem 18. Jahrhundert nur mehr selten zu finden und teuer geworden sind, kann man hin und wieder noch auf tadellose Exemplare aus späterer Zeit stoßen; die hier beschriebenen Richtlinien für den Bau und die Restaurierung gilt für rustikale Möbel aller Arten.

Schadensermittlung

Da sie für den Alltagsgebrauch in einfachen Haushalten bestimmt waren, sind die meisten dieser rustikalen Möbel ausgesprochen robust. Die meisten Schäden sind normale Abnützungserscheinungen oder durch Klimaanlagen und Zentralheizungen bedingtes Schwinden des Holzes. Diese Art Möbel war häufig mit viel verschnörkelter Schnitzerei verziert, die zu einem großen Teil recht heikel war und daher entweder gebrochen oder ganz verlorengegangen ist. Wir werden uns mit einigen Restaurierungsmöglichkeiten dieser Schnitzarbeiten beschäftigen. Auch auf beschädigte Türen dieser Anrichten trifft man da und dort. In manchen Fällen sind die Türen selbst gesprungen bzw. die Scharniere gebrochen. Das Reparieren von Scharnieren ist nicht schwierig, wir werden uns mit dieser Methode auseinandersetzen. Schließlich hat der tägliche intensive Gebrauch dieser Möbel auch dazu geführt, daß die Oberflächen gelitten haben. In der Folge finden Sie wertvolle Tips zur Behebung dieser Schäden.

Diese »Pennsylvania-Anrichte« ist ein wertvolles Museumsstück. Achten Sie auf die vielen kleinen Dellen und Kratzer, die der Restaurator bei seiner Arbeit zu reproduzieren versucht. Einfachere, rustikale Stücke (kleines Bild) kann man noch heute erstehen. Hier haben sich die Türen etwas gesenkt, weil die Scharniere ausgeleiert sind.

Die Reparatur von Laubsägearbeiten

Bei Laubsägearbeiten für rustikale Möbel unterscheidet man grundsätzlich zwei verschiedene Arten. Erstens die häufigere, richtigerweise als »Schnörkelverzierung« bezeichnete Art, die die Brettstärke 6 mm oder mehr hat, die bogenförmig ausgeschnitten und manchmal durchbrochen ist. Diese Arbeiten finden sich meist im oberen und unteren Teil aller möglichen Möbelstücke. Da diese Verzierungen oft aus dünnem Holz gefertigt wurden, um das Aussägen nicht zu schwierig zu gestalten, bricht leicht etwas ab; bei alten Stücken ging sicher mit der Zeit einiges verloren. Hier empfiehlt sich, in den beschädigten Fries ein neues Teil einzusetzen und so die Originalform wiederherzustellen. Fehlen die Verzierungsstücke zur Gänze, müssen Sie sich nach ähnlichen Stücken umsehen und nach diesen Vorlagen Schablonen herstellen, nach denen Sie die Ergänzungsteile zuschneiden. Wenn Sie mit der nötigen Sorgfalt zu Werke gehen, wird der harmonische Gesamteindruck Ihres Möbelstücks nicht zerstört, und nur der Fachmann wird die Reparatur überhaupt bemerken. Wenn Sie ein neues Teil einsetzen wollen, verfahren Sie folgendermaßen: Sie schneiden ein ähnliches Stück Holz auf die entsprechende Stärke zu, lassen aber bei Länge und Breite einen Spielraum. Wie groß dieser ist, hängt von der Form des zu ersetzenden Teils ab. Entfernen Sie den alten Fries, dann befestigen Sie das neue Stück fest mit Zwingen hinter dem beschädigten Teil und schneiden nun genau nach der Schablone die beschädigte Kante des alten Teils weg. Der Schnitt muß nicht unbedingt ganz genau sein, da Sie mit der Säge ja auch das neue Brett beschneiden. Da Sie beides auf einmal zuschneiden, werden die Teile beim Zusammenleimen perfekt ineinanderpassen. Sobald der Leim getrocknet ist, übertragen Sie die Form auf das neue Teil und schneiden mit einer Laubsäge, eventuell einer elektrischen Laubsäge oder, wenn Sie ein echter Traditionalist sind, mit einer Bügelsäge zu.

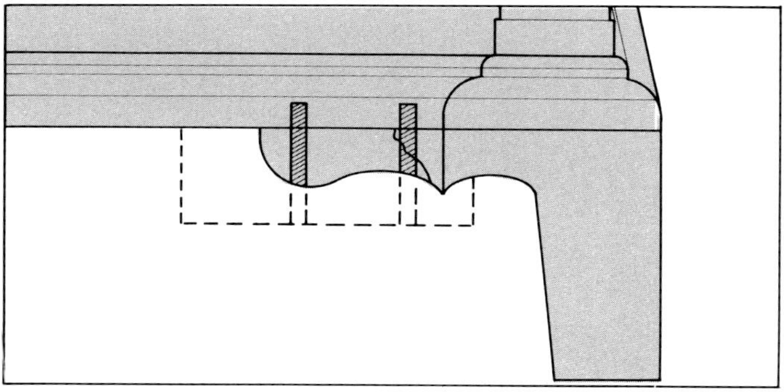

Das Einsetzen eines Friesteils: Der Doppelschnitt garantiert, daß die Teile perfekt passen.

Mit der Laubsäge zugeschnittene Verzierungen

Es gibt auch Laubsägearbeiten aus Sperr- oder Massivholz mit einer Stärke von etwa 3 mm, die auf eine feste Oberfläche geklebt oder angestiftelt sind, oder zierlich-elegantes Schnörkelwerk, ohne Stütze, für Galerien, dekorative Einfassungen von Simsen oder Eckabschlüsse. Schneiden Sie aus dünnem Sperrholz neue Teile aus, die Sie aus mehreren Schichten Furnier herstellen können.

Die Anfertigung von neuen Laubsägeteilen

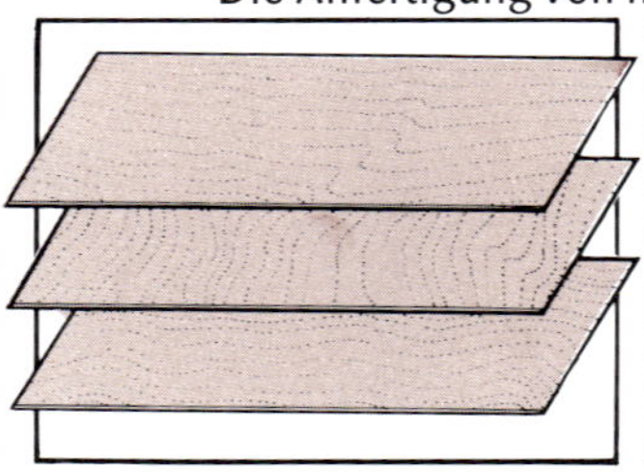

1 *Mehrere Schichten Furnier verleimen.*

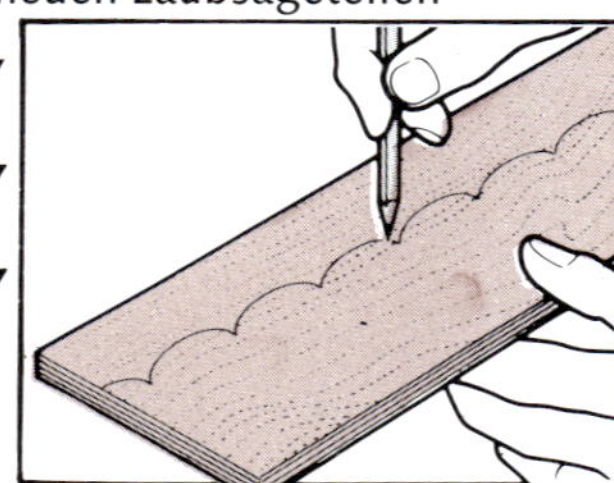

2 *Aus vorhandenem Stück Schablone machen.*

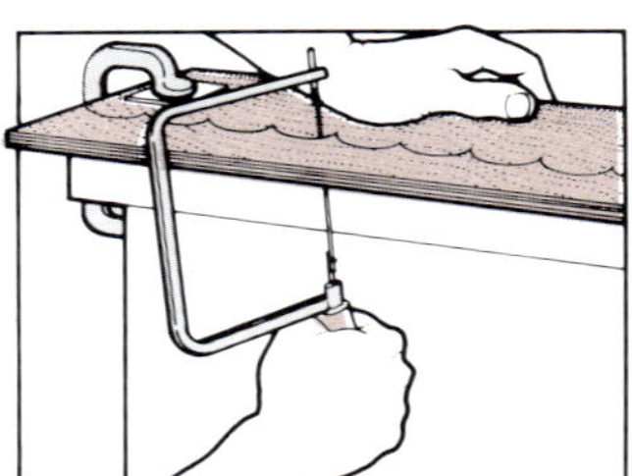

3 *Schneiden Sie die Verzierung mit einer Laubsäge aus.*

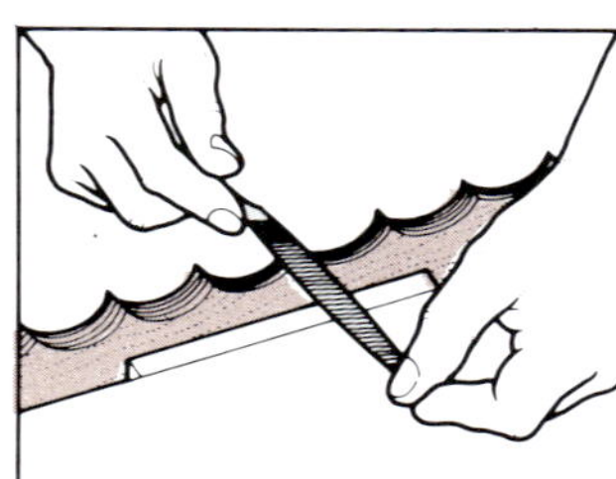

4 *Säubern Sie die Kanten mit einer kleinen Feile.*

Sims mit aufgesetzten Laubsägearbeiten aus dünnem Holz.

Die Reparatur gebrochener Drechslerarbeiten

Auf den Seiten 20/21 haben Sie gesehen, wie man neue Teile drechselt. Das ist auch ohne Drehbank möglich, allerdings müssen die wichtigsten Teile noch vorhanden sein. Am erfolgreichsten wird die Reparatur dann sein, wenn Sie die gebrochenen Teile zusammendübeln, wie auf den Seiten 62/63 für gedrechselte Stuhlbeine erläutert wurde. Soll die Reparatur besonders gut halten, verwenden Sie Metalldübel, die Sie sich ganz einfach aus Zimmermannsnägeln verschiedener Länge zuschneiden können.

Die Reparatur von Scharnieren

Gebrochene Türscharniere und Scharnierbefestigungen finden sich an Möbelstücken aller Arten und Epochen. Es gibt die verschiedensten Scharnierformen, bei rustikalen Möbeln sind zwei Formen besonders häufig vertreten. Bei Möbeln im »holländischen Stil« sind die an der Oberfläche befestigten Scharniere besonders beliebt, die für gewöhnlich aus Eisen oder, seltener, aus Messing bestehen. Die beiden Scharnierblätter sind entlang der Seitenränder in ornamentaler Form zugeschnitten. Meist besteht der Schaden in einem fehlenden Blatt oder einem stark abgenützten Stift, wodurch sich das Scharnier lockert. Dadurch beginnt sich die Tür zu senken, und nicht nur die Tür selbst, sondern das ganze Möbelstück wird schadhaft. Wenn Sie zu einem metallverarbeitenden Betrieb Zugang haben, lassen Sie sich einen neuen Stift herstellen. Ist das Scharnier intakt, müssen Sie eines der Blätter entfernen. Messingblätter sollten durch Erwärmen mit einer Lötlampe etwas weich gemacht und anschließend in kaltes Wasser getaucht werden, um sie für die Bearbeitung vorzubereiten. Der Stift wird in einem der Blätter befestigt, dann kann das andere »lose« Blatt entfernt werden, den gerollten Teil, das Gewerbe, mit einer Schraubenzieherklinge anheben, bis sich das Scharnier teilt. Der abgenützte Stift liegt nun frei und kann mit Draht und Weichlot verstärkt werden. Bei Messingscharnieren verwenden Sie Messingdraht, bei Eisenscharnieren biegsamen Eisendraht, wie ihn die Blumenhändler haben. Reinigen Sie Draht und Stift sorgfältig mit Schmirgelpapier, und wickeln Sie dann den Draht in einer engen Spirale rund um den Stift. Sind Sie mit dem Wickeln fertig, halten Sie das Stück mit einer Zange fest und verlöten mit Weichlot und Flußmittel einerseits den Draht und andererseits diesen mit dem Stift. Dann lassen Sie ihn abkühlen und feilen ihn anschließend zurecht. Der gehärtete Draht wird sich lange Zeit nicht abnützen. Sobald der Stift ausgewechselt wurde, ersetzen Sie das andere Scharnierteil und klopfen das Gewerbe mit einem kleinen Hammer wieder zu.

Fehlende Scharnierblätter zu ersetzen, ist nicht so einfach, da man das richtige Material für ein Ersatzteil nur schwer finden wird.

Die Reparatur eines Scharnierstifts

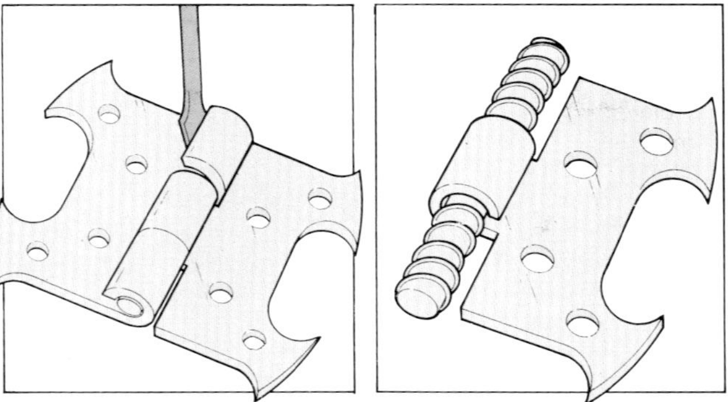

1 *Gewerbe mit einem Schraubenzieher anheben.*

2 *Stift entfernen und mit Draht umwickeln.*

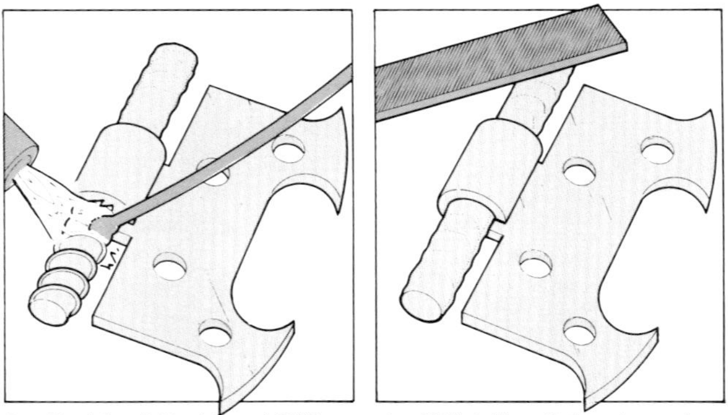

3 *Draht mit Draht und Stift mit Weichlot verlöten.*

4 *Stift feilen, Scharnierenden umklopfen.*

Altmodische Kästchenschlösser aus Eisen, wie man sie früher an Haustüren verwendete, sind ein brauchbarer Lieferant für weiches Eisenblech, und altes Messing findet sich vielleicht im Uhrwerk kaputter Kaminuhren aus den fünfziger Jahren. Fertigen Sie aus Pappkarton eine Schablone für dieses neue Scharnierblatt an und schneiden Sie sie mit einer kleinen Stichsäge aus. Das Gewerbe rund um den Stift können Sie über einen Nagel in die richtige Form biegen und im übrigen, wie bei der Reparatur des Blattes beschrieben, vorgehen.

Die aufwendiger hergestellten Scharnierbänder sind schwieriger zu reparieren. In diesem Fall ist es besser, ein neues Stück zu kaufen oder sich an einen Fachmann zu wenden.

Die Reparatur von Türen

Gebrochene Scharniere bringen oft Probleme mit den Türen. Es gibt die verschiedensten Ursachen für Schäden an den Türen, hier sollen jedoch nur die häufigsten besprochen werden. Zu einem Ausbrechen der Scharniere kommt es, wenn zu starker Druck auf die Türen ausgeübt wird. Falls nur die Schrauben der Scharnierteile herausgefallen sind, können Sie in Leim getauchte Holzsplinten in die Löcher stecken und die Scharnierteile wieder fest anschrauben. Es kann aber auch vorkommen, daß durch die Belastung ein längeres Holzstück ausgebrochen ist. Wenn der Schaden nicht allzu groß ist, leimen Sie das Holz einfach wieder an und verstärken es mit kleinen Rohrdübeln (siehe Seiten 12/13), sobald der Leim getrocknet ist. Ist das Teil stark beschädigt oder fehlt es zur Gänze, müssen Sie sich nach einem Ersatz umsehen.

Die oft langwierige Suche nach einem zur Tür passenden Holz können Sie sich ersparen, wenn Sie an der Innenkante der Tür mit einer Feinsäge einen viereckigen Streifen herausschneiden. Leimen Sie nun ein Stück Holz, das nur ungefähr passen muß, an diese Stelle und ersetzen Sie das fehlende Teil durch ein Stück aus dem perfekt passenden Holz. Diese Methode können Sie auch anwenden, wenn Türen durch locker gewordene Scharniere am unteren Ende allzu stark strapaziert wurden und ausgebessert werden müssen.

Sind Fugen locker geworden, und hat sich dadurch die ganze Tür gesenkt, bleibt Ihnen nichts anderes übrig, als die Tür zu zerlegen, die Fugen zu reinigen und neu zu verleimen. Haben die Zapfen in den dazugehörigen Zapfenschlitzen zuviel Spielraum, spreizen Sie sie mit dünnen Keilen leicht auseinander. Man könnte solche Fugen auch mit Hilfe von unsichtbaren Keilen verstärken (siehe Seiten 12/13), doch vermeiden Sie diese Methode wenn nur irgend möglich, da es sich das moderne Restaurierhandwerk zum Ziel gesetzt hat, nichts zu tun, was nachfolgenden Generationen Probleme verursachen könnte.

Die Auswechslung von Türfüllungen

Manchmal müssen Sie eine neue Türfüllung anfertigen. Die meisten Türen von rustikalen Möbeln haben einfache, in Felder unterteilte Füllungen. Wenn Sie eine ersetzen müssen, müssen Sie sich auf die Suche nach einem passenden Stück alten Holzes machen. Bei der Anfertigung von unterteilten Füllungen ist ein Grundhobel oder eine Handoberfräse praktisch, doch lassen sich auch mit der Hand gute Ergebnisse erzielen. Nehmen Sie ein kleines Schulterblatt zum Abschrägen der Felder und setzen Sie dabei eine Führung ein, die Sie mit Zwingen am Paneel befestigt haben.

Die Reparatur von beschädigten Türen

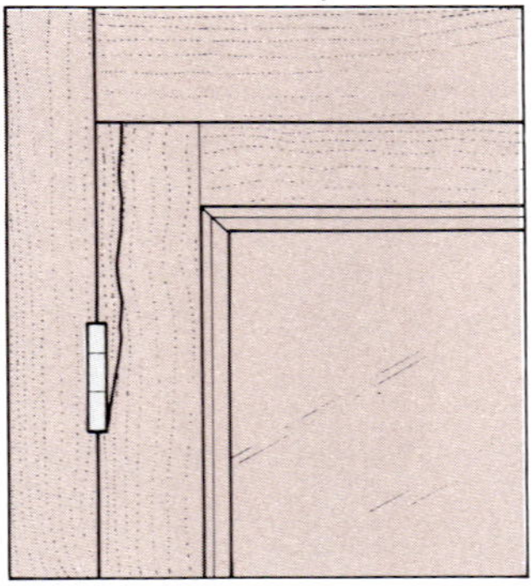

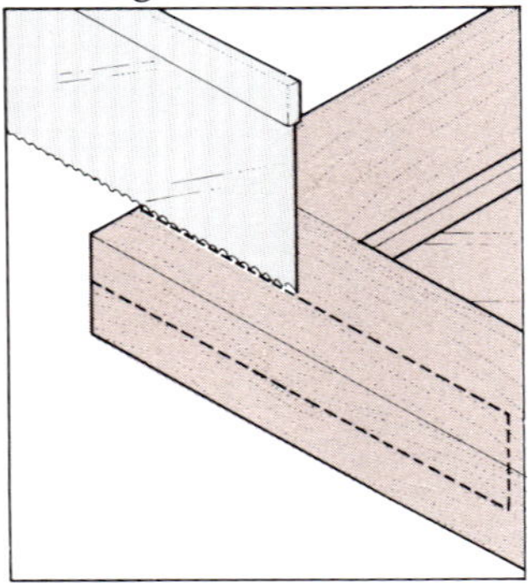

1 *Lockere Scharniere führen oft zu Schäden an Türen.*

2 *Aus Türinnenseite Streifen für Ersatzkeil herausschneiden.*

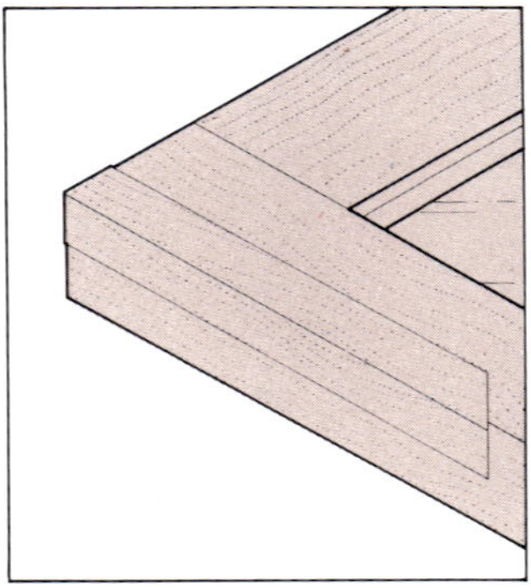

3 *Leimen Sie das passende Einsatzstück an seinen Platz.*

4 *Abhobeln und Scharnier wieder anbringen.*

Bei dieser Tür werden die Paneelfelder durch dünne Leisten gehalten, so daß ein Auswechseln nicht schwierig ist.

Reinigung und Auffrischung von Farbanstrich und Politur

Gefaßte und polierte Flächen werden oft unnötigerweise erneuert, was zu einer Entwertung des Möbelstücks führt, da ein Großteil der Patina, die einem alten Stück seinen Reiz verleiht, verlorengeht. Durch sorgfältiges Reinigen wird eine extensive Oberflächenbehandlung völlig überflüssig. Probieren Sie unsere Vorschläge zunächst einmal an einer unauffälligen Stelle aus.

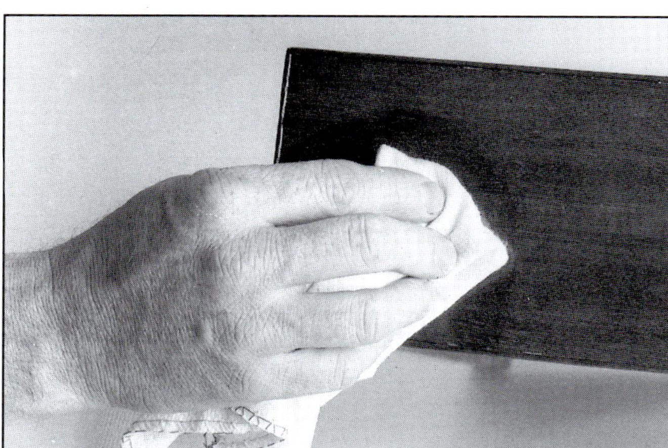

Metallbeschläge können beim Reinigen an ihrem Platz bleiben. Für das Polieren von glänzenden Holzoberflächen oder Metallteilen benötigt man weiche, saubere Tücher aus Baumwolle.

Schmutziger Anstrich

Eine bewährte Methode, leichte Verschmutzungen zu entfernen: 50 g gewöhnliches Speisesoda in 500 ml heißem Wasser auflösen, einen weichen Lappen eintauchen, auswinden, bis er fast trocken ist, und über die Oberfläche wischen. Anschließend mit einem in warmem, mit etwas Essig versetzten Wasser getauchten, gut ausgedrückten Lappen darüberwischen. Lassen Sie die Oberfläche zwei Stunden lang trocknen, dann polieren Sie sie mit einem weichen trockenen Tuch nach.

Einen stärkeren Reiniger können Sie aus gleichen Teilen Geschirrspülmittel und Terpentinersatz (Farbverdünner) herstellen. Schütteln Sie die Mischung gut durch und lassen Sie sie dann stehen, bis sich eine geleeartige Masse gebildet hat. Diese verreiben Sie auf der Oberfläche, wobei Sie den Überschuß immer wieder mit einem sauberen feuchten Tuch abwischen. Lassen Sie die Mischung nicht zu lange einwirken, da sie unter Umständen manche Anstriche aufweicht.

Französische Politur

Häufiger findet man bei englischen Möbelstücken Schellackpolitur, die wie eine dünne glasige Schicht aussieht. Zum Aufpolieren verwenden Sie eine Mischung aus einem Teil zerstoßenem Bienenwachs, drei Teilen mexikanischem Terpentin, drei Teilen Leinöl und drei Teilen Brennspiritus. Stellen Sie die Flasche in eine Schüssel mit warmem Wasser und schütteln Sie die Mischung, bis sie glatt ist. Verteilen Sie sie mit einem weichen Polierbausch auf der Fläche.

Allzweckreiniger

Mit dieser Mischung können Sie altes klebriges Wachs und einen Großteil des Schmutzes entfernen. Besonders gut eignet er sich für amerikanische Firnisse. Mischen Sie in einer Flasche mit Schraubverschluß eine Tasse Weinessig, eine Tasse Terpentin, eine Tasse gekochtes Leinöl, eine viertel Tasse Brennspiritus und einen Teelöffel starken Ammoniak. Tragen Sie die Mischung mit einem weichen Malerpinsel auf und wischen Sie die überschüssige Flüssigkeit mit einem Lappen ab.

Die Reinigung von Metallbeschlägen

Handelsübliche Metallputzmittel sind scharf und sollten für das Reinigen von alten Messing- und Eisenbeschlägen nicht verwendet werden. Nehmen Sie lieber Polierrot, ein feines rotes Pulver, das Sie mit etwas Olivenöl mischen. Tragen Sie die Paste mit einem Bausch auf, und entfernen Sie sie mit einem sauberen Lappen. Starker Rost kann mit in Terpentin getauchter ganz feiner Stahlwolle (0000) entfernt werden.

Bildnachweis

Der Verlag dankt folgenden Personen und Organisationen für die Mitarbeit bei der Produktion dieses Buches. Jeder, den wir vergessen haben, möge es uns verzeihen.
Fotos: The American Museum in Britain 66, 69, 73; John Bouchier 1, 6, 8, 9, 11, 16, 18, 21, 22, 40, 42, 44, 46, 49, 51, 56, 60, 64, 74; Arthur Brett & Sons Ltd 52 oben, 54; The Bridgeman Art Library 14, 52 unten; Jaycee Furniture 36 oben; Ronseal 4, 26 unten, 28; Jessica Strang 26 oben, 36.
Das Werkzeug auf den Seiten 8 und 9 wurde von E. Amette & Co Ltd zur Verfügung gestellt.
Restaurationen: Säbelbein-Stühle Seite 60, 64 Liz Dennes, London College of Furniture; Uhrengehäuse Seite 49 Peter Roose, London College of Furniture; Fichtenholzkommode Seite 42, 44, 46, 49 John Lonas, London College of Furniture.
Illustrationen: Hussein Hussein 13, 30, 32, 33, 39, 45, 48, 63, 65, 68, 69, 71, 73; Aziz Khan 19, 21, 23, 25, 47, 55; Coral Mula 15, 29, 35, 41, 51, 57, 59; Rob Shone 12, 31, 34.
Wir danken dem London College of Furniture für die Hilfe bei der Arbeit an diesem Buch.